YVONNE BEBENSEE / FRANK SOMMERKAMP

ALSTERDORF& ALSTERTALBUCH

MIT BERGSTEDT, FUHLSBÜTTEL, HUMMELSBÜTTEL, KLEIN BORSTEL, OHLSDORF, POPPENBÜTTEL, SASEL UND WELLINGSBÜTTEL

JUNIUS

6 ALSTERWANDERWE
(RADTOUR)

5 POPPENBÜTTEL, BERGSTE
UND SASEL

3 TEGELSBARG, HUMMELSBÜTTEL
UND KLEIN BORSTEL

4 WELLINGSBÜTTEL

2 ALSTERDORF, OHLSDORF UND FUHLSBÜTTEL

1 ALSTERDORF

1
2
3
4
5
6

Moderne Großstädte bestehen, wie der amerikanische Soziologe Robert E. Park einmal schrieb, aus kleinen Welten, die sich berühren, ohne sich zu durchdringen. Auf die Metropole Hamburg mit ihren vielen verschiedenen Milieus trifft dieses Merkmal ebenso zu wie ein weiteres: Die Stadt besteht zu großen Teilen aus ehemals selbständigen Gemeinden und Dörfern, die gemeinsam ein Ganzes bilden und doch eigene Identitäten besitzen. Wie häufig hört man nicht über einen Hamburger Stadtteil – egal wie urban, mondän, schräg oder schick er sich gibt –, eigentlich sei es hier ja „wie auf dem Dorf"... Gemeint sind damit Nachbarschaftskontakte und kurze Wege, ein Gefühl von Vertrautheit, auch Identifikation mit dem Viertel, kurz: Teilhabe am Lebensumfeld. Dies gilt vielleicht besonders für Orte, deren dörfliche Vergangenheit sich auch äußerlich bis zu einem gewissen Grad erhalten hat, wie etwa Hamburgs Stadtteile am Oberlauf der Alster, von denen dieses Buch – neben Alsterdorf, Fuhlsbüttel und Ohlsdorf – einige vorstellt.

Der Blick reicht dabei auch in die Geschichte Hamburgs zurück, das sich als Hafenstadt am großen Elbstrom ja erst aus einer Ansiedlung mit Alsterhafen entwickelt hat. Wegen der wichtigen Handelsbeziehungen mit der Ostseestadt Lübeck, die zeitweilig über Kanäle abgewickelt wurden, zeigte Hamburg früh ein großes Interesse an der Ausweitung seines Einflussbereichs nach Norden. Diesem Ziel diente ab 1306 die vertragliche Sicherung aller Rechte an der Alster, die als schiffbarer Fluss zu einem zentralen Versorgungsweg und wichtigen Wirtschaftsfaktor für die Stadtentwicklung wurde. Doch der Verkehr auf der Alster war beschwerlich und zeitaufwendig und wurde am Ende des 19. Jahrhunderts eingestellt.

Der Fluss, der heute von der Quelle im Timhagener Brook bis zur Elbmündung eine Länge von 56 Kilometern hat, bot schon vor über 15 000 Jahren Lebensraum für Menschen. Während erste Ansiedlungen und Fluchtburgen dem 8. Jahrhundert zugerechnet werden, sind die Dörfer des Alstertals überwiegend zwischen dem 11. und dem 13. Jahrhundert entstanden. Oft weisen ihre Namen dabei auf den – manchmal nur vermuteten – Gründer oder Besitzer (Hunmar, Poppilo, Walding) einer Siedlung oder eines Hofgebäudes (niederdt.: „Büttel"), wie etwa in Hummelsbüttel, Poppenbüttel, Wellingsbüttel.

Über Jahrhunderte war das Gebiet immer wieder von (z.B. holsteinischen, preußischen, dänischen) Grenzen durchzogen und geriet im Dreißigjährigen Krieg (1618–1648) und während der russischen Belagerung des französisch besetzten Hamburg ab 1806 auch in den Fokus militärischer Handlungen, ohne selbst Kampfschauplatz zu werden. Noch weit bis ins 19. Jahrhundert wurde die Region – einschließlich Alsterdorfs – überwiegend landwirtschaftlich genutzt. Doch schon lange vor der Gebietsreform von 1937/38 („Groß-Hamburg-Gesetz") war das Alstertal nördlich von Ohlsdorf erst zu einem Ausflugsziel für erholungsuchende Hamburger und dann zu einem wichtigen Erweiterungsgebiet der rasant wachsenden Stadt geworden: Allein zwischen 1850 und 1900 verfünffachte sich deren Einwohnerzahl und überschritt 1912 die Millionengrenze. Viele Faktoren spielten hierbei eine Rolle, wie der Hamburger Stadtbrand 1842, die Aufhebung der Torsperre 1860/61, Zollanschluss (1888) und Wirtschaftsboom, Cholera-Epidemie (1892) und Citybildung. Doch auch der Niedergang der Landwirtschaft, Bodenspekulation und planmäßige Aufsiedlung veränderten das agrarisch-vorindustrielle Gefüge des Oberalsterraums. Binnen weniger Jahrzehnte entstanden so in Hamburgs grünem Norden Eigenheimgebiete und Gartenstädte (Alsterdorf, Klein Borstel), in den 1970er Jahren auch einige verdichtete Großsiedlungen. Erhöht haben sich die Einwohnerzahlen nicht zuletzt durch den Zuzug von „Ausgebombten" nach dem Zweiten Weltkrieg.

Heute haben viele frühere Bauerndörfer Kleinstadtformat, was ihre Beliebtheit fördert. Gerade die Mischung aus Natur und Urbanität, vielfältiger Nahversorgung (vom Biohof bis zum Shopping-Center), guter Verkehrsanbindung (Ring 2 und 3, Flughafen Fuhlsbüttel, S- und U-Bahn, Busbahnhof in Poppenbüttel) sowie diversen Sport- und Freizeitmöglichkeiten zieht nach wie vor Menschen an – auch vergleichsweise dicht besiedelte Stadtteile wie Alsterdorf und Fuhlsbüttel können teils mit citynahem Wohnen im Grünen punkten. Viele der in diesem Buch beschriebenen Stadtteile bieten aufgelockert bebaute Wohnlagen in schöner Umgebung; dass es sich dabei um besonders bevorzugte oder gar mondäne Viertel Hamburgs handelt, stimmt indes nur teilweise. Zwar finden sich einige repräsentative Straßen mit stattlichen Villen und Landhäusern sowie manch „gute Adresse". Im Ganzen überwiegen jedoch Eigenheime und Wohnviertel eher unspektakulären Zuschnitts.

Das vorgestellte Gebiet ist somit vielfältig und durchaus von Gegensätzen geprägt. Sein markantestes Merkmal ist freilich die Alster selbst, an und auf der nicht nur Hamburger schon seit über 150 Jahren ihre Freizeit beim Paddeln, Wandern und Picknicken verbringen und zu deren Besuch der Schriftsteller Detlev von Liliencron (1844–1909) jeden in Hamburg Geborenen verpflichten wollte. Auch dank des Engagements des über einhundert Jahre alten Alstervereins lässt sich der Fluss nun auf den 37 Kilometern des Alsterwanderwegs erkunden. Doch auch die Stadtteile zur Linken und zur Rechten haben dem Besucher viel zu erzählen.

Konkret werden in diesem Buch Alsterdorf, Fuhlsbüttel, Ohlsdorf und die im engeren Sinne – nämlich im Umfang des früheren Ortsamtsbezirks – zum Hamburger Alstertal gehörenden Gemeinden Hummelsbüttel, Poppenbüttel und Wellingsbüttel auf sechs Touren erschlossen. Berührt werden auch Sasel und Bergstedt am Übergang zu den Walddörfern sowie Klein Borstel am Rande des Ohlsdorfer Friedhofs. Die Spaziergänge durch das Alstertal fallen dabei wegen der manchmal größeren Entfernungen zwischen einzelnen Stationen etwas länger aus, können aber natürlich jederzeit geteilt oder abgekürzt werden. Der Alsterlauf selbst wird ausgedehnter auf einer Radtour erkundet, die entlang des Wanderwegs bis zum Gut Wulksfelde nördlich von Hamburg führt. Auf den Spaziergängen kommen Geschichte(n) und Gegenwart zur Sprache, geht es unter anderem um Mühlen, Schleusenmeister und Gasthäuser, erfahren wir, dass ein Alsterbock keine Ziegenrasse, sondern ein Frachtschiff war, dass berühmte Maler im Morgengrauen auf nebligen Alsterwiesen ihre Staffelei aufgestellt haben und dass die Zeit des Nationalsozialismus auch im beschaulichen Alstertal Spuren hinterlassen hat. Schließlich sollte sich aus den vielen Facetten ein ganzes Bild – womöglich eine Art Identität – des jeweiligen Ortes erkennen lassen.

Jede Tour wird ergänzt durch einen Adressteil mit einer subjektiven Auswahl von Cafés, Restaurants und Läden sowie Hinweisen auf soziale, kulturelle und sportliche Angebote in den Stadtteilen. Die Chronik am Anfang des Buchs verschafft einen Überblick über die Geschichte der Region.

CHRONIK

15 000 – 20 000 V. CHR.	Schmelzwasserströme „graben" beim Abfluss Richtung Nordsee das Urstromtal der Alster.
UM 15 000 V. CHR.	Rentierjäger leben nomadisch im Alstergebiet: Sie folgen ihren Beutetieren und errichten temporäre Lager.
UM 2000 V. CHR.	Erste Siedlungsspuren im Oberalsterraum: Werkzeug- und Waffenfunde sowie Hügelgräber zeugen von steinzeitlichen Siedlern.
UM 800	Sächsische, wendische und später fränkische Siedlungen sowie einzelne Fluchtburgen entstehen.
11.–13. JH.	Die ersten Dörfer im Alstertal werden gegründet.
1219	Erste urkundliche Erwähnung von „alsterthorpe" (Alsterdorf)
1248	Erste urkundliche Erwähnung von „berichstedt" (Bergstedt)
1283	Erste urkundliche Erwähnung von „fulesbutle" (Fuhlsbüttel)
1296	Erste urkundliche Erwähnung von „sasle" (Sasel) und „wellingsbutle" (Wellingsbüttel)
1303	Erste urkundliche Erwähnung von „odelvestorpe" (Ohlsdorf)
1304	Erste schriftliche Erwähnung von „borstelde" (Klein Borstel)
1306–1310	Hamburg erwirbt von den holsteinischen Grafen die

Rechte an der oberen Alster und ihren Nebenflüssen Eilbek und Osterbek.

1319 Erste urkundliche Erwähnung von „humersbotle" (Hummelsbüttel)

1336 Erste schriftliche Erwähnung von „poppelenbutle" (Poppenbüttel) in einem Vertrag, der den Verkauf einiger Güter an das Hamburger Domkapitel regelt

1448 Hamburg, Holstein und Lübeck beschließen eine schiffbare Verbindung zwischen Hamburg und Lübeck (Alster-Beste-Kanal). Erst 1529 verkehren die ersten Schiffe, aber bereits 1550 wird die Kanal-Schifffahrt u.a. wegen Wassermangels eingestellt.

1528/1529 Bau der ersten Schleusenanlage in Poppenbüttel, zeitgleich entsteht die Mellingburger Doppelschleuse.

1618–1648 Die Truppen Tillys und Wallensteins ziehen durch das Alstertal, nehmen in den Dörfern Quartier und hinterlassen oft Not und Verwüstungen.

1641 Die Truppen Christians IV. von Dänemark beziehen in Fuhlsbüttel, im Bereich des heutigen Wacholderwegs, für sieben Monate ein Lager für 10 000 Soldaten im Rahmen des Streits über die Herrschaft in Hamburg.

1673 Theobald von Kurtzrock erwirbt das Gut Wellingsbüttel, das bis 1807 im Besitz der Familie bleibt.

1806–1814 Während der französischen Besetzung Hamburgs sind u.a. dänische und russische Regimenter in Poppenbüttel und Wellingsbüttel stationiert.

UM 1840 Ein erster Ausflugsverkehr ins Alstertal setzt ein.

1860 Pastor Heinrich Sengelmann zieht mit seinem Nicolai-Stift (heute: Evangelische Stiftung Alsterdorf) von Moorfleet nach Alsterdorf.

1867 Die Alstertalgemeinden (mit Ausnahme Klein Borstels) gehören zum preußischen Kreis Stormarn.

10

1.7.1877	Der Ohlsdorfer Friedhof wird feierlich eröffnet.
1879	In Fuhlsbüttel wird das „Centralgefängnis" (heute: Justizvollzugsanstalt) Fuhlsbüttel in Betrieb genommen.
1880	Die Pferdebahn-Verbindung von der Innenstadt zum Friedhof wird in Betrieb genommen. Immer mehr Ausflügler kommen ins Alstertal.
AB 1894	Die Pferde-Straßenbahnen werden auf elektrischen Betrieb umgestellt.
UM 1900	Endgültige Einstellung der Frachtschifffahrt auf der Alster
1900	Im Poppenbütteler Gasthof „Zur Alsterschlucht" wird der Alsterverein gegründet.
1908	Gründung der „Alsterthalbahn GmbH" zum Bau einer Schnellbahnverbindung von Ohlsdorf bis Poppenbüttel
1910	Die „Alsterthal-Terrain-Gesellschaft m.b.H." (ab 1912 „Actiengesellschaft") wird auf Initiative des Hamburger Maklers Johann Vincent Wentzel durch die Gutsbesitzer Henneberg, Hübbe und Reuter gegründet.
1911	Der Flughafen Fuhlsbüttel wird auf einer Fläche von zunächst 43 Hektar in Betrieb genommen.
1913	Beginn des Baus der Alstertalbahn von Ohlsdorf nach Poppenbüttel
1914	Bau der heutigen U1 von der Kellinghusenstraße bis nach Ohlsdorf
1917	Ein provisorischer (eingleisiger) Betrieb auf der Alstertalbahn wird eingeführt und nach der Elektrifizierung 1924 auf vollen Betrieb umgestellt.
1933—1945	Innerhalb des Gebäudekomplexes der Strafanstalt Fuhlsbüttel wird das Konzentrationslager (Kola Fu) eingerichtet.
1937/38	„Groß-Hamburg-Gesetz": Bergstedt, Hummelsbüttel, Poppenbüttel, Sasel und Wellingsbüttel werden zu

	Hamburger Stadtteilen. Klein Borstel wird Ohlsdorf zugeschlagen.
1939–1945	Im Zweiten Weltkrieg bleibt das Alstertal von größeren Zerstörungen verschont. In den letzten Kriegsmonaten entsteht in Sasel ein Außenlager des KZ Neuengamme.
1943	Errichtung der Zwangsarbeiterbaracken im Wilhelm-Raabe-Weg in Fuhlsbüttel
UM 1955	Der Alsterwanderweg ist auf 37 Kilometern Länge von der Mündung bis nach Kayhude fertiggestellt.
1957	Im Wellingsbütteler Torhaus werden die gesammelten Exponate des Alstervereins dauerhaft ausgestellt. 1970 zieht das Alstertal-Museum in den rechten Gebäude-flügel.
1969/70	Baubeginn für die Großwohnsiedlungen Lentersweg und Tegelsbarg.
1970	Das Alstertal-Einkaufszentrum (AEZ) wird eröffnet.
1975	Bau der U1-Haltestelle „Sengelmannstraße" im Rahmen der Verkehrsanbindung für die City Nord
1979	Im früheren Kuhstall des Saselhofs entsteht das „Sasel-Haus – Zentrum für Kultur und Bildung".
2008	Einweihung der S1 zum Flughafen (seit den 1980er Jahren geplant)
2009	Der neue Busbahnhof in Poppenbüttel wird in Betrieb genommen.
SEIT 2017	Voraussichtlich Neubau eines großen Kunden- und Dienstleistungszentrums der Bezirksverwaltung am Wentzelplatz in Poppenbüttel

ALSTERDORF

1

Meenkwiese ∗ Inselstraße ∗ Grün für jedermann ∗ Alsterdorfer Straße ∗ Alsterkrüger Kehre ∗ Alsterdorfer Damm / Alsterkrug ∗ Das alte Dorf ∗ Alsterdorfer Straße, 2. Teil

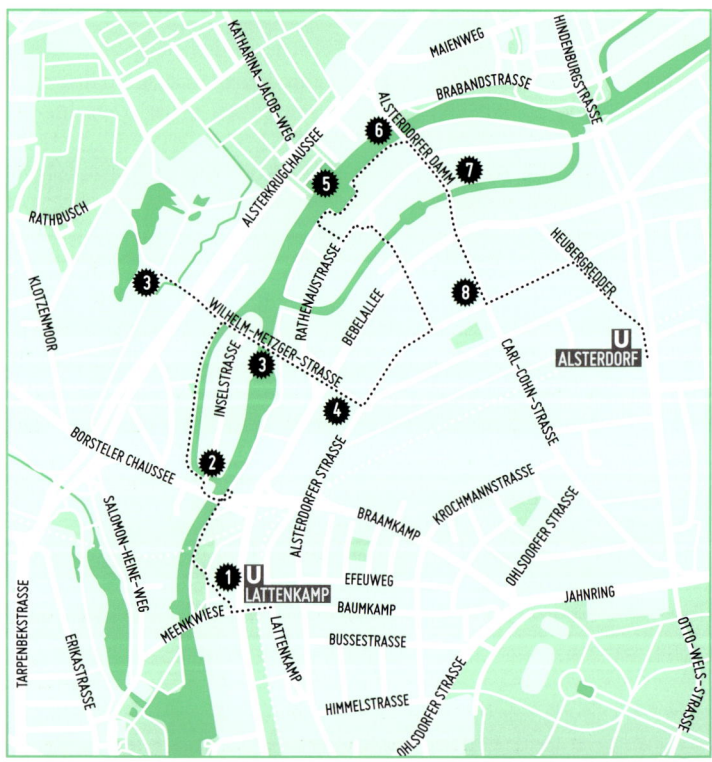

Alsterdorf („Alsterthorpe") wird 1219 erstmals als Holzstapelplatz urkundlich erwähnt. Seit dem 14. Jahrhundert gehörte es abwechselnd zum Gebiet des Klosters Herwardeshude (später: St. Johannis-Stift) und zum Amt Trittau, mit dem es 1773 unter dänische Herrschaft gelangte. 1803 erwarb die Stadt Hamburg das Dorf endgültig im Tausch gegen Bilsen bei Quickborn (Spitzerdorf, Poppenbüttel und den Hamburger Anteil an Hoisbüttel). Zählte Alsterdorf 1803 gerade 120 Einwohner, so waren es 1913, als das Dorf Hamburger Stadtteil wurde, bereits 2200. Bis weit ins 19. Jahrhundert hinein war Alsterdorf ein reines Bauern- und Handwerkerdorf. Dies änderte sich vor allem durch zwei Ereignisse: 1878 wurde der neue Hauptfriedhof Ohlsdorf eröffnet und quasi zur gleichen Zeit (1879) das neue „Centralgefängnis" in Fuhlsbüttel für 800 Inhaftierte in Betrieb genommen.

Alsterdorf wurde nun zu einem Ort mit Durchgangsverkehr. In den folgenden Jahren wurden vermehrt Straßen angelegt, der Personennahverkehr entwickelte sich vom anfänglichen Transport mittels Pferdebahn über die Inbetriebnahme der „Elektrischen" (Straßenbahn) ab 1894 bis zum Bau der späteren U-Bahn-Linie 1 von der Kellinghusenstraße bis Ohlsdorf im Jahr 1914. Auch die Alsterschifffahrt sollte sich stark wandeln. War der Fluss bis 1914 ein beschaulicher Bach mit sumpfigen Ufern, auf dem über Jahrhunderte vor allem Holz und Kalk nach Hamburg transportiert worden waren, so gab es bereits seit den 1870er Jahren Bemühungen, den stark mäandernden Fluss zu kanalisieren, um ihn als Frachtweg für den Warentransport etwa zum Gefängnis und zum Friedhof optimal nutzen zu können. Durch die Entwicklung der Infrastruktur wurde Alsterdorf nun zunehmend als Siedlungsgebiet für das wachsende Hamburg interessant. So hat sich ab der zweiten Hälfte des 19. Jahrhunderts neben Bleichereien und Wäschereien auch vermehrt produzierendes Gewerbe in Alsterdorf niedergelassen.

1 BADEANSTALT LATTENKAMP, 1926

1911 kam mit der Gründung der Hamburger Luftschiffhallen GmbH (später: Flughafen Hamburg, heute: Hamburg Airport „Helmut Schmidt", vgl. Exkurs „Hamburg Airport – Helmut Schmidt", S. 64) in Fuhlsbüttel ein weiterer wichtiger Wirtschaftsfaktor auf diesem Gebiet hinzu.

Wir werden bei dieser Tour den südlichen Bereich des Stadtteils Alsterdorf erkunden, der im Osten an Winterhude, im Westen an Groß Borstel, im Norden an Fuhlsbüttel und Ohlsdorf sowie im Nordosten an Barmbek grenzt. Am Ende erreichen wir die U-Bahn-Station Alsterdorf.

 MEENKWIESE

Wir starten an der U-Bahn-Station Lattenkamp, befinden uns also noch in Winterhude. Von hier haben wir jedoch – über die Meenkwiese – einen guten Zugang zum Alsterlauf mit dem flankierenden Alsterwanderweg. Wir überqueren dafür vom Bahnhof kommend die Bebelallee, folgen dem Fußweg durch den großen Wohnkomplex an der Ecke Bebelallee/Meenkwiese, werfen noch einen kurzen Blick zurück zu den gründerzeitlichen Etagenhäusern, die mit ihren fünf Geschossen hinter dem U-Bahn-Damm aufragen, und betreten dann die ausgedehnte Grünfläche auf der Rückseite der heutigen Bebauung. Abgeschirmt vom Verkehr findet sich hier ein großer Spielplatz. Diesen überqueren wir und erreichen den Alsterlauf.

Vor hundert Jahren konnte die Hamburger Bevölkerung an dieser Stelle erstmals das Freibad Lattenkamp besuchen. 1915 errichtete der damalige Hamburger Oberbaudirektor Fritz Schumacher (1869–1947) das Bad, das die Besucher bequem mit der 1914 fertiggestellten Hochbahn erreichen konnten (Abb. 1). Besonders beliebt war der zehn Meter hohe Sprungturm. Bis in die 1980er Jahre wurde hier gebadet, was bis in die Nachkriegszeit hinein den Betrieb von zwei, nach Geschlechtern getrennten Badebecken bedeutete. Dann erfolgten der Verkauf des Geländes und der Abriss des Freibades sowie Anfang der 1990er Jahre die Errichtung der Wohnbebauung. Kaum vorstellbar, dass bis 1914 die Ufer der Alster hier flach, unbefestigt und von sumpfigen Wiesen gesäumt waren (Abb. 2). Die Alsterkähne, mit denen man sich auf dem Fluss fortbewegte und Waren transportierte, wurden gerudert, gestakt oder getreidelt (vgl. Exkurs „Kleine Geschichte der Alsterschifffahrt", S. 204).

Zwischen 1914 und 1926 wurde die Alster auf dem etwa fünf Kilometer langen Teilstück zwischen Winterhuder Brücke und Fuhlsbüttler Schleuse kanalisiert. Die Flussanwohner betrachteten dieses Projekt mit gemischten Gefühlen, wie an der Kommentierung des Vorhabens durch den Hamburger Künstler Ernst Eitner (1867–1955) deutlich wird: „Wer nun diesen Teil des Alsterlaufes bis Fuhlsbüttel genau kennt, wer bald von der Alsterdorfer Seite, bald von der Alsterkrugchaussee aus über diese so anziehende Alsterniederung mit ihren Wiesen, belebt von weidendem Vieh,

2 FLUSSLANDSCHAFT BEI ALSTERDORF, UM 1900

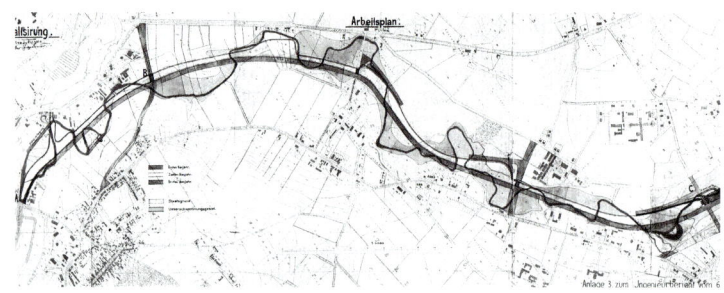

3 ENTWURF DES „FRACHTKANALS", 1897

mit ihren wirklich oft so hübschen Baumgruppen und der bläulichen Ferne hineingeblickt hat, denkt mit herzlichem Bedauern, daß Hamburg gesonnen ist, diese prachtvolle Lunge der werdenden Vorstädte zu vernichten. Es ist im Lauf der Jahre das Projekt Alsterkanalisierung zwischen Eppendorf und Fuhlsbüttel riesengroß vor uns hochgewachsen."

Eine erste Erwähnung findet dieser Plan bereits in den 1870er Jahren im Rahmen der Planungen für den Neubau der Winterhuder Brücke. Die Planungsphase bis 1892 ist jedoch nahezu undokumentiert. 1893 legte Franz Andreas Meyer (1837–1901), damals Leiter des Ingenieurwesens der Hamburger Baudeputation (= Baubehörde) und Architekt der Speicherstadt, schließlich einen Plan für den Ausbau der Alster als Transportweg vor. Dieser sah die Begradigung und Verbreiterung des sich stark windenden Flusses vor (Abb. 3). 1898 wurde das Projekt „Alster-Canal" („Frachtkanal") neben der Errichtung der Ringbahn (heute U3) als Infrastrukturmaßnahme in den 1892 erstellten Hamburger Generalplan für Stadtentwicklung aufgenommen. Überarbeitungen des Plans in den folgenden Jahren veränderten die Zielsetzung. Durch Aufschüttungen und die Errichtung von Nebenkanälen sollte eine große Zahl von Wassergrundstücken entstehen, die die Erschließung Alsterdorfs als Villengegend ermöglichen würde. Nachdem Ferdinand Sperber (1855–1933), Leiter des Hamburger Ingenieurwesens von 1907 bis 1923, seine Überarbeitung der bisherigen

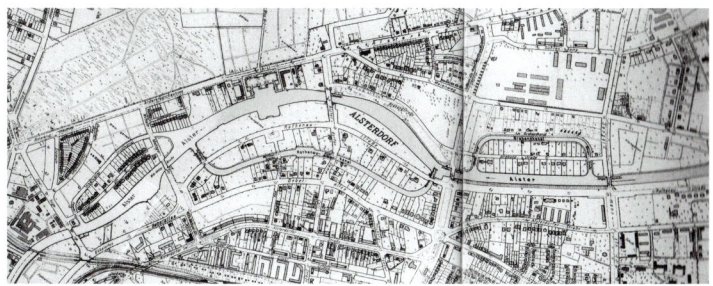

4 ALSTERKANAL, UM 1950

Fracht-Kanal-Variante als Entwurf „Landschaft" (mit der angestrebten Einheit von Kanal, Straßennetz, Grünanlagen und Baulinien) vorgestellt hatte, kam 1909 Fritz Schumacher als Baudirektor nach Hamburg. Hatten Stadtplanungs- und Stadtgestaltungsaufgaben bis dahin allein beim Ingenieurwesen gelegen, veränderte die Berufung Fritz Schumachers die Verteilung der Aufgaben weitreichend. 1911 genehmigt die Bürgerschaft (1912 der Senat) die von Schumacher überarbeitete Senatsvorlage Sperbers für die Kanalisierung. Die Arbeitsteilung zwischen Sperber und Schumacher sah vor, dass die Ingenieurleistungen von Ersterem erbracht werden sollten, die künstlerische Ausarbeitung jedoch in der Verantwortung des Letzteren lag. Bei den Kanalisierungsarbeiten in den Jahren 1914 bis 1926 kam eine vermittelnde Planung zur Durchführung (Abb. 4): Der Hauptlauf der Alster wurde durch drei künstlich angelegte Inseln ergänzt. Erschlossen wurden diese durch eine Straße, die linker und rechter Hand Zugang zu direkt am Wasser gelegenen Grundstücken ermöglichte. Der Verkauf dieser hochwertigen Grundstücke wie auch jener in den angrenzenden Straßen trug dazu bei, die Finanzierung der gesamten Arbeiten sicherzustellen (was nur teilweise gelang). Zudem sollten die unbebauten Uferzonen durch Grünanlagen gestaltet werden, deren Entwurf ab 1914 in den Händen des von Schumacher berufenen ersten Hamburger Gartenbaudirektors Otto Linne (1869–1937) lag.

Wir folgen nun dem Alsterwanderweg Richtung Norden und unterqueren die Brücke der Güterbahnumgehungstraße. Entlang der Schienen verläuft die Stadtteilgrenze zu Alsterdorf. Dass dabei womöglich Beats und Drums unser Ohr erreichen, die scheinbar direkt durch den Brückenpfeiler dringen, muss uns nicht verwundern. Tatsächlich befindet sich hier ein Bandprobenraum, der von der Deutschen Bahn vermietet wird – ein kleines Stückchen Kiez an der Alster. Etwa einhundert Meter weiter steigen wir, indem wir vom idyllischen Flusslauf rechts abzweigen, zum tosenden Autoverkehr an der Deelböge hinauf. Die Straße gehört zum Ring 2 des in den 1970er Jahren ausgebauten Ringstraßensystems Hamburgs. Während wir nun ein kleines Stück Richtung Westen gehen und dann rechts in die Inselstraße einbiegen, wird sehr anschaulich, was Stadtplaner mit dem Begriff „städtebauliche Barrierewirkung" beschreiben: Die heute sechs- bis achtspurig befahrene Deelböge zieht einen tiefen Schnitt zwischen die beiden Stadtteile Winterhude und Alsterdorf.

2 INSELSTRASSE

Wenige Schritte vom Bordstein des Ring 2 entfernt stehen wir auf der Brücke über dem Inselkanal in einer anderen, scheinbar besseren Welt. Der Inselkanal zweigt hier vom Hauptlauf der Alster ab, umfließt die erste der Alsterinseln, um etwa 500 Meter weiter gen Norden wieder in den Flusslauf einzumünden. Die Inselstraße durchquert das Eiland in Süd-Nord-Richtung. An ihr reihen sich zahlreiche Villen, bei denen die Kürze der Vordergrundstücke umso mehr Platz lässt für langgestreckte, zum Wasser ausgerichtete Gärten auf der Rückseite der Häuser (Abb. 5). Hier ließen sich ab den 1920er

5 VILLEN AN DER INSELSTRASSE

6 RONDEELTEICH, UM 1930

Jahren wohlhabende Hamburger nieder, die etwa an der Außenalster und den angrenzenden Kanälen kein Baugrundstück hatten ergattern können. Besonders der 1865 von Adolph Sierich (1826–1889) angelegte Rondeelteich war ein Vorbild für die Planung der Wassergrundstücke im Rahmen der Alsterkanalisierung. Durch die Anlage des kleinen Rundteiches (Abb. 6) war viel Uferstrecke entstanden, sodass sich zahlreiche Grundstücksei-gentümer über den direkten Wasserzugang freuen konnten. „Direkt am Wasser gelegen" war und ist eines der verkaufsförderlichsten Argumente, wenn es um hochwertige Immobilien geht.

Wir wählen den kleinen Wanderweg am jenseitigen Ufer des Kanals und genießen die geradezu ländliche Idylle auf unserem kurzen Weg entlang der Insel, der uns schöne Blicke in die gegenüberliegenden Gärten ermög-licht. Nachdem wir etwa die Hälfte der Insel hinter uns gelassen haben, taucht linker Hand der Komplex des Israelitischen Krankenhauses auf.

7 ISRAELITISCHES KRANKENHAUS, 1843

Seit 1961 existiert dieser Neubau des zwischen 1841 und 1843 zunächst in der heutigen Simon-von-Utrecht-Straße in St. Pauli errichteten und von dem Bankier Salomon Heine (1767–1844) finanzierten Krankenhauses der jüdischen Gemeinde (Abb. 7). Auf Erweiterungen des Ursprungsbaus in den Jahren 1928 bis 1930 folgten 1939 der von den Nazis erzwungene Verkauf und später der Betrieb in verschiedenen Ausweichquartieren, etwa in der Johnsallee sowie im jüdischen Altenhaus in der Schäferkampsallee. Heute stellt das Krankenhaus am Orchideenstieg 14 – nach Erweiterungen 2004 und 2011 – 180 Betten in der chirurgischen und in der medizinischen Klinik bereit und verfügt außerdem über Abteilungen für Anästhesiologie, Intensivmedizin und Chirurgie sowie ein Hospiz, Facharztpraxen und weitere Gesundheitsdienstleister.

Wir passieren nun den Eingang zum Hospiz mit dem 1968 aufgestellten Salomon-Heine-Denkmal der Bildhauerin Doris Waschk-Balz (geb. 1942) und gelangen zum Orchideenstieg. Dieser aus Reihenhäusern bestehende und 1925/26 von Jürgen Brandt (1885–1982) entworfene Komplex bildet durch den hier verbauten Klinker mit dem Geschosswohnungsbau entlang des ersten Abschnittes der Alsterkrugchaussee eine optische Einheit. Formal vielfältig, finden wir hier traditionalistische Gestaltung genauso wie expressionistische und modern-sachliche Elemente. Augenfällig ist in der Siedlung wie auch im weiteren Verlauf der Alsterdorfer Straße die gegenüber der stadteinwärts gelegenen Bebauung in Winterhude verringerte Geschosszahl (vgl. Station Meenkwiese).

Die ungeminderte Attraktivität dieses kleinen Wohnquartiers wird deutlich, wenn wir uns kurz dem Projekt Orchideenterrassen zuwenden.

Vor dem Krankenhaus, ebenfalls am Inselkanal gelegen, wurden in den letzten Jahren vier Wohnzeilen aus den 1960er Jahren aufgestockt, sodass insgesamt 18 neue Wohnungen entstanden sind (Abb. 8). Die Verkaufsbroschüre wirbt mit nahezu den gleichen Schlagworten, mit denen auch für die ursprüngliche Planung zur Errichtung der Alsterinseln geworben wurde: exklusives Wohnen am Wasser, in der Natur und an den Grünzügen des Alsterlaufs – dabei innenstadtnah. So ist es nicht erstaunlich, dass hier Quadratmeterpreise auf dem Niveau von Eppendorf und der Hafencity erzielt werden.

Wir kehren zurück an den Inselkanal und setzen unseren Weg fort, bis wir, die Wilhelm-Metzger-Straße überquerend, an die Spitze der Insel gelangen.

3 GRÜN FÜR JEDERMANN

Das nördliche Ende dieser ersten Alsterinsel wurde nicht in Baugrundstücke aufgeteilt. Heute befinden sich hier Schrebergärten. Die ursprüngliche Planung im Rahmen der Kanalisierungsarbeiten sah vor, öffentliche Parkanlagen und Grünflächenzüge entlang des Flusses anzulegen. Die sich bis in die Zwischenkriegszeit hinziehenden Arbeiten wurden allerdings vom Zeitgeschehen eingeholt – die Anlage von Bau- und Parkflächen blieb zwischen Erstem Weltkrieg und Inflation stecken: Zunächst wurden nach dem Krieg aufgrund der Wohnungsnot Flächen für öffentliches Grün umgewidmet, um darauf einfache Behausungen zu errichten

8 ORCHIDEENTERRASSEN

9 ALSTERLAUF MIT SCHREBERGÄRTEN HÖHE INSELSTRASSE

und Nutzgärten anzulegen. Dann aber waren die Kassen wegen der Weltwirtschaftskrise leer, sodass schlicht die Mittel für die Umsetzung fehlten. Ursprünglich sollte die Freigabe der künftigen Parkflächen zur Linderung der Wohnungsnot zeitlich befristet sein. Die Kleingartenvereine konnten ihr Bleiberecht indes bis zum heutigen Tag erfolgreich behaupten. Fritz Schumacher wollte sich mit der Entwicklung allerdings nicht abfinden und wetterte: „Der Geist des deutschen Spießbürgers mit seinen Tugenden und Schwächen schwebt über dem Schrebergartentum. Und mit diesem Geist wollen wir uns nicht begnügen [...]. Zunächst muß all das kleine Gebastel unserer Schrebergärten wegfallen."

Schumacher würde der Blick flussab- und flussaufwärts, der sich uns heute von der Wilhelm-Metzger-Brücke bietet (Abb. 9), also überhaupt nicht gefallen: Jenseits des schmalen grünen Bandes am westlichen Alsterufer, das den Alsterwanderweg säumt, schließt sich ein breiter Streifen mit Schrebergärten an, der sich bis an die Bebelallee oder Rathenaustraße erstreckt. Bevor wir aber Richtung Osten der Straße folgend zur Alsterdorfer Straße gehen, werfen wir noch einen kurzen Blick in die entgegengesetzte Richtung. Westlich mündet die Wilhelm-Metzger-Straße in die Alsterkrugchaussee. Diese alte Chaussee bildet die westliche Grenze Alsterdorfs. Wir überqueren sie und gelangen zum Eppendorfer Moor.

Das mit 26 Hektar größte innerstädtische Flachmoor Mitteleuropas ist ein Rest der ehemals ausgedehnten feuchten Niederungen der Alster. Seit 1982 steht das Moor unter Naturschutz. Die Existenz des Moores kann nur durch menschliche Regulierung gesichert werden. Von seiner natürlichen Wasserversorgung abgeschnitten, ist es in Trockenperioden vor allem durch das Wachstum von Sträuchern und Bäumen gefährdet. Über 600 Schmetterlingsarten sind hier nachweisbar, von denen 78 auf der Roten Liste der gefährdeten Arten verzeichnet sind. Im Gegensatz zur kultivierten und inszenierten Natur am Alsterlauf finden wir hier eine wilde, scheinbar unberührte Landschaft.

Die vierspurig ausgebaute Alsterkrugchaussee lässt von ihrer natürlichen Umgebung allerdings kaum etwas ahnen. Sie ist eine der Hauptverkehrsstraßen Richtung Flughafen und Langenhorn sowie ein Zubringer für die Autobahn A7 / Anschlussstelle Schnelsen. Kein Wunder also, dass sie in den 1920er Jahren für Filmaufnahmen der Vera Filmwerke AG kurzerhand gesperrt wurde, um Szenen eines Autorennens zu drehen. Hausnummer 192–202 war der Firmensitz (Abb. 10) der scherzhaft auch als „Hollywood in Ham-

10 PRODUKTIONSHALLE DER VERA FILMWERKE, UM 1920

11 VILLEN AM KUGELFANG

burg" bezeichneten Filmproduktionsfirma, die, 1920 gegründet, bereits zehn Jahre später Konkurs anmelden musste. Insgesamt 152 Stummfilme wurden in Alsterdorf gedreht, u.a. mit UFA-Star Emil Jannings (1884–1950). Die weitere Entwicklung zum Tonfilm vollzog das Unternehmen nicht mehr mit (vgl. Exkurs „Kino und Film im Alstertal", S. 150).

Die Errichtung des Gebäudekomplexes Nr. 184–190 ist auf eine Initiative der Filmfirma zurückzuführen, ebenso die Bebauung mit Einzel- und Doppelhäusern in der kleinen Sackgasse Kugelfang Nr. 2–26 wie auch in der Wilhelm-Metzger-Straße 32 und 34. Hier finden wir, wie bereits in der Inselstraße und im Orchideenstieg, Backsteinfassaden mit modern-sachlichen bis traditionellen Formen. Nach dem Konkurs der Filmwerke wurden die Häuser an gutsituierte Bürger verkauft – die Grundstücke am Kugelfang entsprechen der von Schumacher im Rahmen der Kana-lisierung der Alster geplanten Erschließung des Ufers durch Einzelhausbebauung und somit der Entwicklung Alsterdorfs zum Villenstandort (Abb. 11).

Wir gehen nun auf der Wilhelm-Metzger-Straße Richtung Osten, überqueren die Bebelallee, passieren das 1966 dort errichtete Gebäude des Heilwig-Gymnasiums und erreichen die Alsterdorfer Straße.

4 ALSTERDORFER STRASSE

Die Alsterdorfer Straße durchzieht den heutigen Stadtteil entlang seiner gesamten Nord-Süd-Achse. Am Winterhuder Marktplatz, noch auf Winterhuder Gebiet beginnend, verläuft sie zwischen Deelböge, Hindenburgdamm und Sengelmannstraße weiter durch Alsterdorf, um vis-à-vis dem Haupteingang zum Ohlsdorfer Friedhof in die Fuhlsbüttler Straße zu münden.

Seit 1880 verkehrte auf dieser Straße die Pferdebahn Richtung Hauptfriedhof. Die seit 1894 elektrifizierte Straßenbahnlinie Nr. 9 wurde erst 1974, als eine der letzten Linien der Hamburger Straßenbahn, durch den Bus 109 abgelöst. Dieser verkehrt noch heute und transportiert die Fahrgäste im Sechs-Minuten-Takt vom Hauptbahnhof zur U-Bahn-Station Alsterdorf. Der erste Abschnitt der heutigen U-Bahn-Linie 1 wurde ab 1914 als einer der ersten Abzweiger von der 1912 fertiggestellten Ringbahn (heute U3) errichtet. Vom Bahnhof Kellinghusenstraße bis Ohlsdorf entstanden nun vier Bahnhöfe (die Station Sengelmannstraße wurde erst ab 1973 im Zuge der Errichtung der City Nord gebaut), womit eine wichtige verkehrliche Erschließung der nördlichen Teile Hamburgs begann. Darüber hinaus bestanden in Ohlsdorf Anschlüsse an die Alstertalbahn (ab 1918 bis Poppenbüttel; vgl. Exkurs „Alstertalbahn", S. 134) und die Hamburg-Altonaer-Stadt- und Vorortbahn (ab 1906) über Barmbek zum Berliner Tor.

Die Entwicklung des Personennahverkehrs wertete die angrenzenden Gemeinden immens auf, sodass sich nun immer rascher Privathaushalte und Gewerbe ansiedelten. Der Geschosswohnungsbau, den wir an der

Kreuzung der Alsterdorfer Straße mit der Wilhelm-Metzger- und der Bilserstraße sehen, legt Zeugnis von dieser Entwicklung ab. Bereits neben dem Heilwig-Gymnasium beginnt eine zwischen 1927 und 1929 errichtete ausgedehnte Blockrandbebauung, die sich an der Alsterdorfer Straße Nr. 175–205 über dreißig Hausnummern bis zur Einmündung des Wolffsonwegs erstreckt. Klinkermauerwerke, mit teils aufwendigen, dem Expressionismus verwandten Ornamenten unterstreicht hier an der Hauptverkehrsachse die städtebauliche Bedeutung des Ensembles (Abb. 12). Etwas später errichtete die gemeinnützige Wohnungsbaugenossenschaft Gräning am Übergang zur Bilserstraße einen ausgedehnten Wohnungsbau-Komplex. Auch die SAGA baute ab den 1930er Jahren in deutlich sachlicherer Bauweise Wohnzeilen entlang der Bilserstraße. An der Rückseite dieser Gebäude verläuft der Sommerweg, ein Fußweg, der nur durch einen schmalen Streifen mit Kleingärten vom Bahndamm der U-Bahn-Trasse getrennt wird. Die Bilserstraße erinnert uns heute daran, dass die Stadt Hamburg ihr Dorf Bilsen bei Quickborn 1803 gegen das bis dahin dänische Alsterdorf eintauschte.

12 HAUSEINGANG ALSTERDORFER STRASSE 253

Wir gehen nun weiter nach Norden und passieren mit den Hausnummern 205–225 eine Reihe gründerzeitlicher Villen. Sie entstanden um 1900 im Zusammenhang mit dem Zuzug von Gewerbebetrieben wie etwa Wäschereien und Bleichereien. Diese hatten sich seit den 1840er Jahren zunächst im benachbarten Winterhude niedergelassen, weil die fortschreitende Verschmutzung von Luft und Wasser an den „Großen

Bleichen" und den „Hohen Bleichen" in der Innenstadt das Gewerbe an diesem Standort unmöglich gemacht hatte. Als die Grundstücke in Winterhude schließlich knapp wurden, zogen die Unternehmen weiter nach Alsterdorf. 1912 waren bereits 26 Betriebe im Adressbuch verzeichnet. Hinter den Häusern sehen wir noch heute die Reste der Gewerbehöfe mit Betriebsgebäuden.

Wir biegen nun links in den Wolffsonweg ein, der, von Klinkervillen gesäumt, nach nur 150 Metern die Bebelallee kreuzt, um nach drei weiteren Grundstücken an einer Fußgängerbrücke zu enden. Auf dieser gelangen wir über den Skagerrak-Kanal, der die zweite Alsterinsel umfließt, und erreichen einen Platz, mit dem wir uns nun etwas genauer beschäftigen wollen.

5 ALSTERKRÜGER KEHRE

Das halbe Rondeel, an dem wir uns nun befinden, entstand durch die Aufweitung der Rathenaustraße, die parallel zur Bebelallee bis zum Ohlsdorfer Bahnhof verläuft und nur an der alsterabgewandten Seite bebaut wurde. Unser leicht erhöhter Standort ermöglicht den Blick über den Kleingartenstreifen hinweg auf die Alster mit einer auffälligen Beckenanlage. Diese – die „Alsterkrüger Kehre" – ist unser nächstes Ziel. Im Zickzackparcours (über die Rathenaustraße, durch den breiten Kleingartenstreifen hindurch, auf den Alsterwanderweg stoßend und dann flussaufwärts weiter) erreichen wir sie – endlich.

Alfred Lichtwark (1852–1914), der umtriebige erste Direktor der Hamburger Kunsthalle, der seinen Einfluss auch bei der Gestaltung des Stadtparks geltend machte, hatte für den Alsterkanal ein zentrales Becken vorgeschlagen und zahlreiche Skizzen erstellt. Fritz Schumacher griff die Idee auf und gestaltete sie aus (Abb. 14). Geplant war die Anlage eines Wendebeckens für die Alsterschiffer, das sich westlich zur Alsterkrugchaussee öffnet und durch Grünanlagen mit Restaurants und Kinderspielplätzen zur Rathenaustraße hin ansteigt, um so eine Verbindung mit dem Geschäftszentrum des Stadtteils an der Alsterdorfer Straße zu schaffen.

13 ALSTERKRÜGER KEHRE, HEUTE

Auch hier kam nur ein Teil der Planung zur Ausführung. Heute sehen wir dort ein monumentales, mit Granitbruchsteinen gefasstes Becken, zu dem sich beiderseits Treppenanlagen absenken, die von bastionsähnlichen Vorsprüngen und Balkonen flankiert werden (Abb. 13). Die Platzanlage an der Rathenaustraße und die Alsterkrüger Kehre sind durch Kleingärten getrennt. Lediglich dem Spaziergänger am Alsterwanderweg ist ein Blick auf die Anlage möglich.

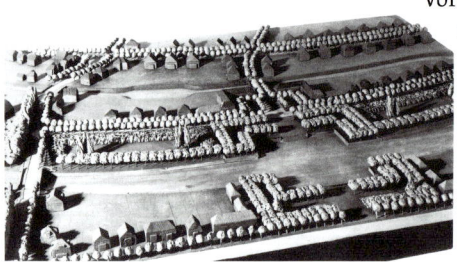

14 PLASTILINMODELL DER ALSTERKRÜGER KEHRE NACH DEM ENTWURF VON FRITZ SCHUMACHER, 1911

15 ALSTERDORFER DAMMBRÜCKE, UM 1900

Wir setzen unseren Weg auf dem Alsterwanderweg Richtung Norden fort und erreichen nach nur hundert Metern die älteste über die Alster führende Brücke im Bereich des Stadtteils (Abb. 15).

6 ALSTERDORFER DAMM/ALSTERKRUG

Seit etwa 1830 schuf der Alsterdorfer Damm eine Verbindung zum „Alsterkrug". Anstelle dieser Gaststätte, die sich am Standort des heutigen Alsterkrughotels befand (Abb. 16 + 17), existierte bereits im 12. Jahrhundert ein Ausschank, verbunden mit einer Futterstelle für Pferde, für die Fuhrleute, die auf der alten Heerstraße zum Ochsenzoll unterwegs waren. 1258 hatte sich aus dem Rastplatz ein Krug entwickelt, der somit zu einem der ältesten nachweisbaren Gasthäuser Hamburgs gehört. Die Gaststätte wurde infolge zum Namensgeber für die seit 1834 gepflas-

16+17 ALSTERKRUG, UM 1880 UND HEUTE

terte und begradigte „Alsterkrugchaussee". Sowohl für die Dorfbe-
wohner als auch die Ausflügler aus Hamburg war die Restauration ein
beliebtes Ziel. 1983 wird der aus den 1720er Jahren stammende Altbau,
der sich bis 1980 in vererbtem Familienbesitz befand, abgerissen. Der
Eckturm des Neubaus nimmt Bezug auf den Altbau und stellt in seinem
Turmzimmer die geeignete Räumlichkeit für so manches vertrauliche

18 KLEINE FREIE BIBLIOTHEK

Zusammentreffen, was der ehemalige US-
Finanzminister James A. Baker, Ex-Bundes-
präsident Roman Herzog oder die frühere
Bundestagspräsidentin Rita Süssmuth bereits zu schätzen wussten.

Wir nehmen jetzt die Treppen hinauf
auf die heutige Brücke, die im Zuge der Kanalisierungsarbeiten von Fritz Schumacher
errichtet wurde. Wie an der Alsterkrüger
Kehre sind Geländer und Einfassung aus grob
behauenem Granit, sodass Brücke und Treppenanlage gleichermaßen als eigenständiges
Bauwerk wirken und sich von der Gartenanlage am Alsterkanal deutlich abgrenzen. Auf
dem Geländer ist Hamburgs einzige „kleine

19+20 LANDHAUS HÖGER MIT BRABANDSTRASSE UND HINSCHEN-HOF

freie Bücherei" montiert. Dank einer privaten Initiative können hier nach dem Motto „Nimm eins – gib eins" Bücher ausgeliehen, aber natürlich auch hinzugestellt werden (Abb. 18).

Am Ende der Brücke errichtete Schumacher ein Transformatorenhäuschen, dessen Gestaltung verdeutlicht, dass der oberste Hamburger Architekt und Stadtplaner bei der Errichtung von Funktionsarchitektur denselben Qualitätsanspruch zugrunde legte wie etwa bei der Wohnbebauung. Der Klinkerbau steht mit seiner expressionistischen Formensprache der zeitgenössischen Villenarchitektur, wie wir sie in direkter Nachbarschaft an der Brabandstraße Nr. 1–2 finden, in nichts nach. Das ab 1925 von Hermann Höger (1882–1950) auf dem Grundstück errichtete „Landhaus Höger" (Abb. 19) lässt hinsichtlich seiner Formensprache Vergleiche zum berühmten Chilehaus von Hermanns Bruder Fritz (1877–1949) ohne Weiteres zu. Die Klinkerarchitektur der 1920er Jahre, für die Hamburg über seine Grenzen hinaus bekannt ist, prägt auch den Stadtteil Alsterdorf. Blicken wir die Brabandstraße entlang, so sehen wir weitere backsteinerne Villen, die mal traditioneller gestaltet sind wie der direkte Nachbar Högers in Nr. 3 (erbaut 1925 von J.A. Schäfer) oder sich eher sachlich geben wie das Haus Nr. 13 (erbaut 1928/29 von Bloch & Schäfer, heute Geschäftssitz von C.H.M. Gartmann, vgl. Exkurs „Gartmann-Kringel", S. 32).

Wir werfen nun einen letzten Blick auf den Alsterkanal, der hier beiderseits von Wanderwegen und Grünzügen gesäumt ist, und setzen unseren Weg in den Kern des alten Bauerndorfes fort. Dafür umrunden wir das Café- und Weinlokal „Braband", das in das sanierte und umgebaute Transformatorenhäuschen eingezogen ist, und steigen erneut die Brücke am Alsterdorfer Damm hinauf.

GARTMANN-KRINGEL

In vielen Hamburger Haushalten ist das Weihnachtsfest nicht vorstellbar ohne Gartmann-Tannenbaumkränze aus Schokolade. Den wenigsten wird bekannt sein, dass die Kringel eine Hamburger Erfindung sind und noch heute in sechster Generation von der Familie Gartmann vertrieben werden. Bereits 1810 gründete Esajas Gartmann die Schweizer Konditorei in der Kirchstraße in Altona, in der neben Schokolade, Mandeln und Essig auch Getränke wie Milch, Punsch, Liköre und Himbeergeist an ein „hochgeehrtes Publikum" verkauft wurden. Esajas stammte aus der Schweiz und war nach Hamburg gekommen, um von hier aus nach Amerika auszuwandern, verliebte sich jedoch vor der Abreise, heiratete 1810 und wurde Vater von neun Kindern. Unter der Führung seines Sohnes Hannes Philipp Hermann Gartmann (1812–1874) entwickelte sich das Unternehmen zu einer bedeutenden Schokoladenfabrik und Konditorei, die bereits in den 1860er Jahren die Produktion industrialisierte und auf Dampfmaschinen umstellte. Christian Heinrich Louis Gartmann erfand schließlich um 1900 die „Tannenbaum-Chokoladenkränze". Er hatte das Unternehmen von seinem Vater Hannes übernommen, das seitdem unter der noch heute so lautenden Bezeichnung „C.H.L. Gartmann" firmiert. Um 1900 stellte C.H.L. auch den Prototypen des später berühmten Gartmann-Automaten auf, an dem für zehn Pfennig eine Schokorolle mit einem Gartmann-Sammelbildchen erworben werden konnte. Die begehrten Bildchen wurden dann in speziell gefertigte Sammelalben eingesteckt. 1934–1940 gab es auch die Gartmann-Kugelschleudern. Sie wurden vorwiegend in Kneipen aufgestellt und waren eine Art Vorläufer der Glückspielautomaten, der Gewinn wurde in Schokolade „ausgezahlt". Die Familie der Schokoladen-Automaten erhielt nach dem Ersten Weltkrieg Zuwachs durch die Kobold-Automaten, von denen heute noch einige existieren und die neben den Sammelbildern und -alben Sammlerobjekte geworden sind. In Altona wird schon lange nicht mehr produziert, auch nicht mehr in der Schokoladenfabrik von Reese & Wichmann in der Wendenstraße, aber von Alsterdorf aus wird nach wie vor die Produktion der Tannenbaumkränze geleitet.

7 DAS ALTE DORF

Indem wir unseren Weg Richtung Osten fortsetzen, erblicken wir nach wenigen Schritten den malerisch zwischen alten Linden auftauchenden Giebel des Hinschen-Hofs (Abb. 20). Das älteste und einzige erhaltene Hufnerhaus (als Hufner werden Bauern bezeichnet, die über Grundbesitz von – regional unterschiedlich – 30 bis 100 Morgen Land verfügen) des Dorfes markiert den ursprünglichen Ortseingang. Sein Wohngiebel wurde 1834, der Wirtschaftsteil 1872 errichtet. Der Hof lag ursprünglich zwischen sumpfigen Wiesen, weshalb die 1834–1836 gepflasterte Fahrstraße auf einen Damm verlegt wurde.

Auf unserem Weg zum ehemaligen Dorfplatz an der heutigen Kreuzung Bebelallee / Alsterdorfer Damm / Carl-Cohn-Straße überqueren wir erneut den Skagerrak-Kanal, der seit etwa 1915 die mittlere der künstlich angelegten Alsterinseln umfließt. Wo heute Einzelhäuser stehen, befand sich gegenüber dem Hinschen-Hof einst das Altenteil der Familie Hinsch, weiter Richtung Dorfplatz die Villa der Zimmerei Grosse und direkt am Dorfplatz eine Ansammlung von reetgedeckten Höfen (Abb. 21). Der Alsterdorfer Damm knickte am Dorfplatz in einem Winkel von etwa neunzig Grad Richtung Norden ab (heute Bebelallee) und endete an der Ohlsdorfer Straße (heutige Kreuzung Bebelallee / Hindenburgstraße). Nördlich der Hindenburgstraße führte damals wie heute der Heilholtkamp weiter Richtung Ohlsdorf und Steilshoop. Wir folgen jedoch der Carl-Cohn-Straße (ehemals Lohkoppelweg) bis zur Kreuzung mit der Alsterdorfer Straße.

FRIEDENSPREIS DES DEUTSCHEN BUCHHANDELS

Wer an den Friedenspreis des Deutschen Buchhandels denkt, denkt an die Frankfurter Paulskirche, ihre freiheitliche Tradition und ein großes öffentlichkeitswirksames Ritual des deutschen Kulturlebens. Tatsächlich aber fand die erste Verleihung dieses Preises hier am Alsterdorfer Damm 14 in einem kleinen Kreis von Verlegern unter einem Strohdach statt. Doch der Reihe nach. Eduard Buhbe, Sohn von Bertha Buhbe, geb. Hinsch, übernahm die 1867 von seinem Vater gegründete Weinhandlung in der Budapester Straße. Später wurde die ursprünglich als reines Handelsunternehmen gegründete Firma „Eduard Buhbe und Söhne" durch einen gastronomischen Betrieb, den „Buhbeschen Weinkeller" am Großneumarkt 10, erweitert. Dort kehrten zunächst vor allem Senatoren ein, später dann in der legendären Donnerstagsrunde überwiegend Künstler, deren direkt auf die Wand gemalte Werke in der bis heute erhaltenen Wirtsstube einen Fries bilden. Und hier überzeugte 1949 der Schriftsteller Hans Schwarz, der neben Max Tau zum Freundeskreis von Eduard Buhbe gehörte, eine Gruppe deutscher Verleger und Buchhändler, eine Stiftung zu gründen, um einen Friedenspreis zu vergeben.

Erster Preisträger des „Friedenspreises Deutscher Verleger" war im darauffolgenden Jahr der Schriftsteller Max Tau (1897–1976). Bei der Preisverleihung im Privathaus des Weinhändlers Buhbe, dem Hinschen-Hof in Alsterdorf, hielt der Intendant der Nordwestdeutschen Rundfunkanstalt Adolf Grimme (1889–1963) die Laudatio. Sowohl im Inland als auch in Skandinavien, wohin Max Tau 1942 vor den Nationalsozialisten geflohen war, und weiteren europäischen Ländern stieß die Verleihung auf unerwartet großes Interesse. Die Intention der Preisgründer, Deutschland aus der kulturellen Isolation nach dem Zweiten Weltkrieg zu holen und wieder humanistisches Gedankengut in der deutschen Gesellschaft zu verankern, schien aufzugehen. Auf Vermittlung des Hamburger Verlegers und späteren Vorstehers des Börsenvereins des Deutschen Buchhandels, Friedrich Wittig (1906–2001), wurde die private Stiftung von Hans Schwarz sowie den 15 Verlegern und Buchhändlern schließlich zu einer Sache des gesamten deutschen Buchhandels. Der Börsenverein nahm den Preis in seine Obhut und verlieh 1951 in der Paulskirche den ersten „Friedenspreis des Deutschen Buchhandels" an den Arzt und Philosophen Albert Schweitzer (1875–1965). 1952 formulierte das Statut des Friedenspreises einen weitreichenden Anspruch: „Die Stiftung dient dem Frieden, der Menschlichkeit und der Verständigung der Völker. Dies geschieht durch die Verleihung des Friedenspreises an eine Persönlichkeit, die in hervorragendem Maße vornehmlich durch ihre Tätigkeit auf den Gebieten der Literatur, Wissenschaft und Kunst zur Verwirklichung des Friedensgedankens beigetragen hat. Der Preisträger wird ohne Unterschied der Nation, der Rasse und des Bekenntnisses gewählt." Die Preisverleihung des jährlich im Rahmen der Frankfurter Buchmesse verliehenen Preises wird seitdem im Rundfunk und im Fernsehen übertragen. Die Reden, die die Preisträger bei den Verleihungen halten, tragen im Besonderen zur öffentlichen Debatte über aktuelle politische Themen, friedenspolitische Fragen und historische Verantwortung bei.

8 ALSTERDORFER STRASSE, 2. TEIL

An unserem Standort befindet sich das ehemalige Grundstück der Wäscherei Cansier. Noch heute präsentiert sich an der Straße die weiße Villa mit Stuckfassade. Auf dem rückwärtigen Grundstück steht das zweigeschossige Betriebsgebäude. Schon von Weitem fällt ein hoher, heute unter Denkmalschutz stehender Backsteinschornstein ins Auge, der für den Betrieb des Wäscheofens notwendig war – von der Keimzelle des Dorfes sind wir nun also ins wirtschaftliche Zentrum um die Alsterdorfer Straße zurückgelangt, wie es sich seit den 1880er Jahren entwickelt hatte. Auch hier, im Abschnitt zwischen Carl-Cohn-Straße und Heubergredder, finden sich immer wieder Reste gründerzeitlicher Bebauung. Auf unserem Weg Richtung Norden passieren wir mit den Hausnummern 258, 263–269 und 266/268 kleine Villen aus jener Zeit, die heute als Geschäftshäuser genutzt werden. Der ehemals sandige Weg, der die Alsterdorfer Straße einst war und der von Winterhude nach Alsterdorf führte, war anlässlich der Gründung des Zentralfriedhofs ausgebaut worden und erhielt 1876 seinen heutigen Namen. (Zunächst galt der Name nur für den Abschnitt zwischen Winterhuder Marktplatz und Heubergredder. Um 1900 wurde die Straßenbenennung bis Ohlsdorf weiter geführt.) 1880 wurde die Pferdebahn in Betrieb genommen und das von Bauern erworbene Land zunehmend bebaut. Betrachten wir historische Ansichten (Abb. 22) der Straße, so wird deutlich, wie sehr sich hier Vorortstrukturen erhalten haben. Geschäfte wie das des Schlachters Kunze oder das Keglerheim Wesarg existieren zwar schon lange nicht mehr, das geschäftige Treiben ist jedoch ungebrochen.

21 DORFPLATZ, UM 1870

22 ALSTERDORFER STRASSE, UM 1903

Wir biegen nun in den Heubergredder ein, der ebenfalls erst in den 1880er Jahren verbreitert und bebaut wurde. Er endet in einer Sackgasse, an der sich die U-Bahn-Station Alsterdorf neben dem Gelände des Sportclubs Sperber befindet. Noch 1903 konnte hier – auf dem Festplatz des Dorfes – die 100-jährige Zugehörigkeit Alsterdorfs zum Hamburger Stadtgebiet gefeiert werden und der Blick, der heute vom Damm der U- und Güterumgehungsbahn verstellt ist, ungehindert bis zum Sierichschen Gehölz (heute: Stadtpark) streifen. Ein Vergleich der Einwohnerzahl – 1903 lebten 2200 Bewohner hier, heute sind es etwa 14 000 – verdeutlicht die rasante Entwicklung des einst ruhigen Dorfes. Gegenüber der Haltestelle fallen uns die Spitzgiebel von Einfamilienhäusern auf, die sich an der nördlichen Straßenseite des Hindenburgdamms aufreihen. Sie gehören zur Gartenstadt Alsterdorf, die ab 1935 errichtet wurde und sich bis an die Sengelmannstraße erstreckt. Dort, an der U-Bahn-Station Sengelmannstraße, beginnt unsere zweite Tour.

CAFÉS / RESTAURANTS

**Braband –
Bistro- und Weinlokal**
Alsterdorfer Damm 18
www.braband-bistro.de
→ *im restaurierten Transformatorenhäuschen mit schöner Terrasse, direkt am
Alsterlauf*

Café du Passage
Lattenkampstieg 4
→ *kleines, vegetarisches Café*

Eisperle
Alsterdorfer Straße 283
www.eis-perle.de
→ *hausgemachtes Eis und Kuchen*

Grüner Salon Bistrothek
Alsterdorfer Straße 285
www.gruener-salon-hamburg.de
→ *mediterrane und internationale
Gerichte im intimen Speiseraum und an
schönen Außenplätzen*

il forno
Alsterdorfer Straße 86
www.ilforno-hamburg.de
→ *„pizza autentica", eine der besten der
Stadt in angenehm modernem Interieur*

Koopmannsladen
Alsterdorfer Straße 190
→ *Lebensmittelladen und Café – Kaffee
und kleine Gerichte, mittags auch Suppe*

LÄDEN

Circle8Brewery
Alsterdorfer Straße 267
www.circle8brewery.de
→ *kleine Hinterhof-Brauerei nach
amerikanischem Vorbild*

Das Sommerhaus
Alsterdorfer Straße 272
www.dassommerhaus.de
→ *Möbel und Dekoartikel im neuen
Landhausstil sowie eine Werkstatt für
Fassmalerei und Polsterei*

El Cava
Alsterdorfer Straße 258
www.elcava.de
→ *laut „Feinschmecker" einer der besten
Weinläden Deutschlands, in dem außerdem
ausgezeichnetes Fleisch und seafood erhältlich sind*

Fastert
Konditorei, Bäckerei, Café
Alsterdorfer Straße 292
www.konditorei-fastert.de
→ *Alsterdorfer Familienunternehmen
seit 1907*

Fotostudio Brambrink Karstens
Alsterdorfer Straße 258
www.fotostudio-brambrink.de
→ *kleines, individuelles Fotostudio in altem
Hinterhof-Gewerbebau*

HRC Home Roasting Company
Bebelallee 132
www.home-roasting.de
→ *Kaffeerösterei, die mit viel Leiden-
schaft auch Verkostungen und Showrösten
veranstaltet*

lille ting
Heubergredder 32
www.lilleting.de
→ *skandinavische Mode- und
Wohnaccessoires*

HOTELS

• • • • • • • • • • • • • • •

Alsterkrug Hotel
Alsterkrugchaussee 277
www.alsterkrug-hotel.de
→ *Hotel, Restaurant und Kegelbahn
am Standort des womöglich ältesten
Hamburger Gasthauses*

FREIZEIT / SPORT

• • • • • • • • • • • • • •

**Budocentrum der
Sportvereinigung
Polizei Hamburg von 1910 e.V.**
Carl-Cohn-Straße 41
www.budocentrum.de
→ *Kurse für diverse Kampfsportarten,
auch für Kinder*

Sport-Club Sperber von 1898 e.V.
Heubergredder 38
www.scsperbertennis.de
→ *Traditionsclub direkt an der
U-Bahn-Station Alsterdorf*

SOZIALES / NON-PROFIT
• • • • • • • • • • • • • • •

Alsterdorf im Netz
www.facebook.de /
alsterdorffhh und
www.alsterdorffhh.de
→ *umfassende Informationen rund um den
Stadtteil dank einer privaten Initiative*

**Alsterdorfer Bürgerverein
von 1990 e.V.**
www.alsterdorfer-bv.de
→ *Herausgeber der Alster-Dorfzeitung*

ALSTERDORF, OHLSDORF UND FUHLSBÜTTEL

2

Gartenstadt Alsterdorf ∗ Evangelische Stiftung Alsterdorf ∗ Bugenhagenschule ∗ Ohlsdorf und Altes Krematorium ∗ U/S-Bahn-Station Ohlsdorf ∗ Fuhlsbüttel ∗ „Santa Fu"

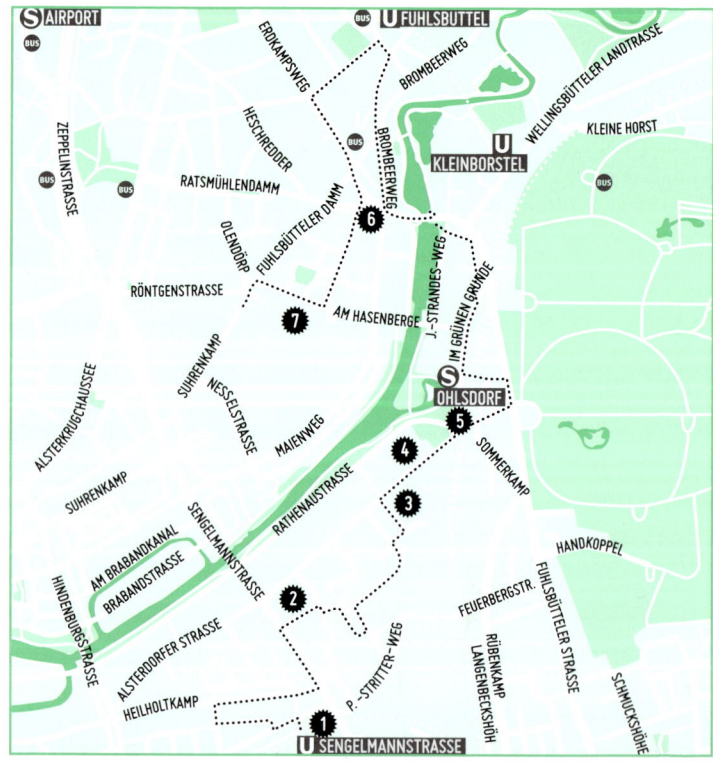

STARTPUNKT: U-Bahn-Station Sengelmannstraße (U 1)
ENDPUNKT: Suhrenkamp, Gedenkstätte Konzentrationslager und
Strafanstalten Fuhlsbüttel 1933–1945
DAUER: etwa 1,5 Stunden

Diese Tour knüpft direkt an die vorherige an, unser Ausgangspunkt befindet sich am nordöstlichen Ende der Gartenstadt, der U-Bahn-Station Sengelmannstraße. Diese Station gab es in der ursprünglichen Streckenführung der Linie nicht. Erst 1975, im Zuge der Planungen für die City Nord, wurde sie ergänzt, um – neben dem bereits in den 1960er Jahren neu geschaffenen südlichen Zugang zur S-Bahn-Haltestelle „Rübenkamp" – den Anschluss der Bürostadt an das öffentliche Verkehrsnetz zu gewährleisten. Ursprüngliche Planungen sahen vor, eine vierte U-Bahn-Linie von der Innenstadt über Winterhude bis zur Sengelmannstraße zu errichten, mit einer zusätzlichen Haltestelle „Jahnring" am südlichen Ende der City Nord. Die Linie wurde nie gebaut, jedenfalls nicht nach Winterhude, sondern entsteht derzeit als Verbindung der Hafencity mit dem Hamburger Schnellbahnsystem. Stattdessen wurde das Busnetz erweitert.

Der 1914 errichtete Bahndamm wird neben der U-Bahn von der Güterumgehungsbahn genutzt. Diese Eisenbahnstrecke verläuft von Eidelstedt über Rothenburgsort nach Hamburg-Harburg. Sie verbindet die Hamburger Eisenbahn-Fernstrecken unter Umgehung der Verbindungsbahn zwischen Altona und Hauptbahnhof (heute S 11, S 21, S 31). Die Strecke dient hauptsächlich dem Schienengüterverkehr, weshalb zur Entlastung der Anwohner zwischen Groß Borstel und Alsterdorf ab 2009 Lärmschutzwände errichtet wurden. Ein erster Abschnitt der Güterumgehungsbahn wurde bereits ab 1902 zwischen Wandsbek und Rothenburgsort errichtet. Von Lokstedt kommend, nutzt die Güterbahn ab der Deelböge denselben Bahndamm wie die U-Bahn. Vor dem Bahnhof Ohlsdorf knickt die Güterbahntrasse nach Osten Richtung Bahnhof Barmbek ab. Die Stadtteilgrenze, die entlang des Bahndamms verläuft, folgt der Umgehungsbahn bis zum Bahnhof Rübenkamp.

Am nordöstlichen Ende Alsterdorfs umfahren die U-, S- und Güterbahn ein dreieckiges Stück Land, das seit 1906 teilweise vom Bahnwerk Ohlsdorf genutzt wird. Das Werk wurde eingerichtet, als im selben Jahr die Hamburg-Altonaer Stadt- und Vorortbahn ihren Betrieb von Ohlsdorf bis Altona aufnahm. Zusammen mit der 1918 in provisorischen Betrieb genommenen Alstertalbahn von Ohlsdorf bis Poppenbüttel wurde die Strecke 1934 die erste S-Bahn-Linie (Stadtschnellbahn) Hamburgs. Die Bedeutung des Bahnhofs Ohlsdorf als Verkehrsknotenpunkt für den öffentlichen Nahverkehr in Hamburg, von den Anfängen mit Pferdefuhrwerken über die „Elektrische" bis zum heutigen HVV-und Güterbahnnetz, sowie die damit einhergehenden Impulse für die Entwicklung der angrenzenden Stadtteile, können also kaum überschätzt werden.

1 GARTENSTADT ALSTERDORF

Die Haltestelle „Sengelmannstraße" befindet sich unter dem Bahndamm, sodass wir zunächst die Rampe hinaufsteigen müssen, um zum Rotbuchenstieg zu gelangen. Das 1970er-Jahre-Ambiente des Bahnhofs mit rot gekachelten Wänden und großzügigen Fluren steht in starkem Kontrast zum heckengesäumten, schmalen Rotbuchenstieg mit Rotklinker-Einzelhausbebauung. Wir befinden uns hier in der größten Eigenheimsiedlung, die in den 1930er Jahren auf Hamburger Gebiet errichtet wurde. In zwei Bauabschnitten entstanden von 1935 bis 1938 insgesamt 304 Einfamilienhäuser für „gehobene Ansprüche" auf knapp 15 Hektar ehemaligem Weideland, das die Alsterdorfer Bauern bis in die 1920er Jahre an die Stadt Hamburg verkauft hatten. Die von den Hamburger Kaufleuten Plass und Peltzer gegründete private Bauträgergemeinschaft „Gartenstadt Alsterdorf Verwaltungsgesellschaft mbH" schloss 1934 einen Vertrag über den Ankauf einer etwa 130 000 Quadratmeter großen Fläche. Der Vertrag sah vor, dass die Gesellschaft südlich des Heilholtkamps nicht nur innerhalb eines Jahres 225 Einfamilienhäuser errichten sollte, sondern außerdem für die Anlage sämtlicher Straßen, Wege und Grünflächen verantwortlich

1+2 STRASSENSCHILDER VON RICHARD BAUROTH UND GARTENSTADT ALSTERDORF

war. Ausgeschlossen wurden Großwohnhäuser, Fabriken und Geschäftsbetriebe, mit denen eine Belästigung der Anwohner einhergegangen wäre.

Sogar eigene Straßenschilder erhielt die Siedlung. Diese schnitzte der in der Siedlung lebende Bildhauer Richard Bauroth, ein jedes geschmückt mit einem dem Namen entsprechenden Motiv (Abb. 1).

Die Bezeichnung „Gartenstadt" stellt eine Verbindung her zu Siedlungsprojekten, die seit der Jahrhundertwende auf genossenschaftlicher Basis in England und Deutschland errichtet worden waren. Das vielleicht bekannteste Beispiel hierzulande ist die 1909 gegründete Gartenstadt Hellerau bei Dresden. Der Gedanke, auf Basis gemeinschaftlichen Eigentums Wohnsiedlungen im Grünen zu errichten – mit zentralen Anlagen wie etwa Waschhäusern, Räumen für Feste und Versammlungen, Praxen, Schulen –, wurde in Großbritannien entwickelt. Er stellte ein Gegenmodell zu überfüllten, schlecht ausgestatteten Mietskasernen für erschöpfte Fabrikarbeiter dar, wie sie im Zuge der industriellen Revolution entstanden waren. Im Gegensatz dazu wurden in Alsterdorf auf privatwirtschaftlicher Basis mittlere und gehobene Einkommensschichten angesprochen. Vor allem Beamte oder Selbständige waren in der Lage, die Grundstückskäufe und den Bau der Einzelhäuser zu finanzieren.

Das geschlossene Erscheinungsbild der Gartenstadt hat sich im Laufe der Jahrzehnte kaum verändert. Wie wir auf unserem Weg entlang des Rotbuchen- und Blaukissenstiegs Richtung Frühlingsgarten sehen, stehen die Häuser mit Satteldach und Ziegelmauerwerk giebelständig. Fast einheitlich sind die Grundstücke mit Buchenhecken eingefriedet. Selbst der vorangeschrittene Generationenwechsel, durch den das Durchschnittsalter der Bewohner deutlich reduziert wurde, hatte eher geringfügige dekorative Änderungen der Fassaden und Vorgärten zur Folge als die Störung des einheitlichen Bilds (Abb. 2). Das Zentrum der Siedlung entlang des platzartig aufgeweiteten Straßenraums am Frühlingsgarten mit ursprünglich 13 Geschäften, die das gesamte Angebot für den täglichen Bedarf vom Bäcker bis zum Schuster umfassten, existiert nicht mehr. Im Jahr 2000 schloss das letzte Geschäft, und die Ära des ersten „Einkaufszentrums" im Hamburger Norden endete. In den quer zur Straße stehenden, eingeschossigen Zeilen wird heute gewohnt. Am Ende der ehemaligen Ladenzeile führt der Frühlingsgarten über den von Süden kommenden Heilholtkamp.

Als die 225 Einfamilienhäuser des ersten Bauabschnitts 1934 nahezu pünktlich fertiggestellt wurden, war das Gelände nördlich des Heilholtkamps noch unbebaut. Ursprünglich sollte es durch die 1934 gegründete „Siedlungsgemeinschaft Heimaterde e.V." erschlossen und bebaut werden. Nachdem der Schatzmeister jedoch die Einlagen der 65 Mitglieder veruntreut hatte, errichtete auch hier die Gartenstadt Alsterdorf Verwaltungsgesellschaft mbH bis 1938 die 79 Gebäude des zweiten Bauabschnitts. Der Heilholtkamp war ursprünglich eine sandige Piste, die in Verlängerung des Alsterdorfer Damms vom Dorfkern Richtung Steilshoop führte (vgl. Tour 1).

Wir verweilen kurz an dieser Kreuzung, blicken nach Süden und strapazieren unsere Vorstellungskraft ein wenig, um das Bild Alsterdorfs vor gut hundert Jahren an dieser Stelle zusammensetzen zu können: Am Beginn des Heilholtkamps errichtete der Bauer Hinrich Ellerbrook eine neue große Hofstelle (Abb. 3), nachdem ein Blitzschlag 1873 seinen Hof am Alsterdorfer Damm zerstört hatte. Der zweite Bau wurde dann im Zweiten Weltkrieg von Bomben getroffen. Gegenüber hatte sich Jane Elisabeth, gen. Jenny Sengelmann (1831–1913), die Witwe des Pastors Heinrich Sengelmann, ihr Altenteil errichtet (vgl. Station 2), wo wir heute neuere Wohnbebauung vorfinden.

1926/27 baute Otto Wilkening (1879–1933) eine Altenwohnanlage für Angehörige der Schlachterinnung (Heilholtkamp 4–16, Entwurf Fritz Schumacher), von der nur ein kleiner Teil erhalten ist. Die gründerzeitlichen Doppelhäuser auf der rechten Straßenseite sind die ältes-

3 HOF ELLERBROCK, UM 1890

ten Gebäude in diesem Abschnitt (Abb. 4). Sie setzen sich deutlich von der späteren Klinkerbauweise des frühen 20. Jahrhunderts ab.

Wir wenden uns nun nach rechts und folgen dem Heilholtkamp. Kein Weideland säumt mehr die ehemalige Landstraße, sondern wie aufgefädelt wirkende Spitzgiebel und Walmdächer. Kurz vor der Lärmschutzwand, die die Gartenstadtbewohner heute vor dem Verkehrslärm der vierspurig ausgebauten Sengelmannstraße schützt und die das Ende der Gartenstadtidylle markiert, befindet sich rechter Hand die Heesch-Villa. Das hell verputzte und mit Fachwerkelementen ergänzte repräsentative Gebäude wurde um 1900 von einem Dr. Leistikow errichtet und später von dem Teehändler Heesch gekauft. Heute werden hier die Kinder der Kita Heilholtkamp betreut.

 ## EVANGELISCHE STIFTUNG ALSTERDORF

Als Pastor Heinrich Matthias Sengelmann (1821–1899, vgl. „Leute aus Alsterdorf und dem Alstertal") im Jahr 1860 mit seinem „Nicolai-Stift" – ehemals „Christliche Arbeitsschule" – von Moorfleet nach Alsterdorf übersiedelte, bezog er eine Reetdachkate an der heutigen Ecke Sengel-

4 GRÜNDERZEITLICHE BEBAUUNG AM HEILHOLTKAMP

mann-/Alsterdorfer Straße (Abb. 5). Das Bauernhaus, das auch als Brauerei
und Gaststätte für Alsterschiffer genutzt worden war, lag nicht nur direkt
am Alsterlauf, sondern auch an den Verkehrswegen nach Ohlsdorf (heute
Alsterdorfer Straße, damals Ohlsdorfer Straße) und Barmbek (Barmbeker
Weg, heute Sengelmannstraße).

Durch die Begegnung Sengelmanns mit dem geistig behinderten
Jungen Carl Koops im Gängeviertel, das sich im 19. Jahrhundert um die
St. Michaeliskirche entwickelt hatte, hatte sein karitatives Engagement
eine neue Richtung bekommen. Seit 1852 war Sengelmann Pastor von St.
Michaelis und in diesem Amt auch als Seelsorger in den dortigen Wohn-
quartieren unterwegs. War die Christliche Arbeitsschule ursprünglich ein
Angebot für Kinder von Fabrikarbeitern, um ihnen tagsüber eine sinn-
volle Beschäftigung anzubieten, wurden ab 1863 auch Kinder mit Behinderungen aufgenommen, um ihnen ein behütetes Zuhause zu bieten. Dazu
gehörte für Sengelmann, den Kindern sowohl Bildungsangebote zu machen und die medizinische Versorgung zu gewährleisten als auch für ihre
Beschäftigung durch Arbeit zu sorgen. Nachdem Sengelmann vergebens

nach einer Pflegefamilie für Carl Koops gesucht hatte, ließ er mithilfe von Spendengeldern das Haus Schönbrunn errichten und zog dort mit drei weiteren Jugendlichen 1863 ein, um die Behindertenarbeit im „Asyl für schwach- und blödsinnige Kinder" zu beginnen. Das kleine Fachwerkhaus steht noch, etwas oberhalb an der vielbefahrenen Sengelmannstraße.

Wir treten aus dem Schutz der Lärmschutzwand hervor, überqueren die Straße, wenden uns nach links und stehen nach wenigen Schritten vor dem Haus (Abb. 6).

1867 wurde Sengelmann auf eigenen Wunsch als Pastor von St. Michaelis entlassen, um seine ganze Arbeitskraft dem Aufbau der Alsterdorfer Anstalten widmen zu können. Seine Kräfte waren in verschiedener Hinsicht groß. Durch Erbschaft war Sengelmann nämlich in der Lage gewesen, umfangreiche Ländereien in Alsterdorf anzukaufen. Das ursprüngliche Gebiet umfasste nicht nur das heutige Gelände der ehemaligen Anstalten, sondern auch das der gesamten City Nord. 1924 wurde der Grund und Boden der heutigen Bürostadt gegen das „Adelige Gut Stegen" am Oberlauf der Alster eingetauscht, da die Anstalten komplett nach Stegen umziehen sollten. Zu nah war die Stadt bereits der einstigen ländliche Idylle gerückt, die Sengelmann nur sechzig Jahre vorher für sich und seine Einrichtung gezielt ausgewählt hatte. Das Vorhaben scheiterte aber aus finanziellen Gründen, seit den 1930er Jahren gewährleistet der Betrieb

5+6 NICOLAI-STIFT, UM 1850, UND HAUS SCHÖNBRUNN

7 ALSTERDORFER ANSTALTEN, 1905

in Stegen stattdessen die Versorgung der Anstaltszöglinge mit landwirtschaftlichen Erzeugnissen.

Als Sengelmann 1899 starb, war aus den Anstalten ein Dorf mit nahezu vierzig Gebäuden und über 600 Bewohnern geworden (Abb. 7). Aufgenommen wurden Kinder, Jugendliche und Erwachsene unterschiedlicher Herkunft: die einen mit Lernschwächen, andere geistig behindert, aber arbeitsfähig, Epileptiker und chronisch kranke Kinder wie auch lernbehinderte Kinder wohlhabender Familien. Durch die Arbeit in den verschiedenen Werkstätten sollten die Bewohner Selbstvertrauen gewinnen. Das Spektrum der Betriebe reichte von der Gärtnerei, Küche, Wäscherei und Landwirtschaft über Tischlerei, Schmiede, Malereibetrieb bis hin zur Produktion mit feineren handwerklichen Tätigkeiten in der Buchbinderei, Schneiderei und Korkverarbeitung. Auf keinen Fall sollten die Zöglinge nur verwahrt werden.

Besondere Verdienste erlangte Sengelmann in der fortwährenden Forschung über Therapiemöglichkeiten und die Entwicklung von heilerzieherischer Arbeit, die 1870 in die Gründung der „Präparanden-Anstalt" mündete, der heutigen Schule für Heilerziehung an der Sengelmannstraße gegenüber der St. Nicolaus-Kirche. Das Gotteshaus, ein Herzenswunsch von Sengelmann, wurde 1889 neben Haus Schönbrunn festlich eingeweiht (Abb. 8). Zuvor war für die Gläubigen allsonntäglich der Weg nach Eppendorf in die St. Johannis-Kirche notwendig gewesen, da Alsterdorf keine eigene Kirche hatte.

8 KIRCHE ST. NICOLAUS

So profitierte die Alsterdorfer Bevölkerung, die bis dahin sonntags ebenfalls den langen Marsch nach Eppendorf und die Querung der Alster am „hohen Steg" in Winterhude hatte auf sich nehmen müssen, vom Bau der neugotischen Backsteinkirche. Sie bildet noch heute einen historischen Bezugspunkt und markiert das alte Zentrum der Anstalten, wo die Kirche außerhalb einer Einzäunung mit Pforten lag, die noch in der Nachkriegszeit die Anstalten umschloss. Das Gelände war ursprünglich ein Dorf im Dorfe. Die Direktoren der Anstalt jedoch waren immer auch Pastoren der Gemeinde Alsterdorf. Das Leben der Zöglinge aber fand hinter den Zäunen außerhalb der Alsterdorfer Gesellschaft statt.

Wir wollen nun das Gelände erkunden und gehen an der Kirche vorbei, überqueren die Dorothea-Kasten-Straße und erreichen die 1984 errichtete zentrale Gedenkstätte für die Opfer der über 600 Deportationen und Euthanasie-Verbrechen zwischen 1938 und 1945. Darüber hinaus befindet sich in der St. Nicolaus-Kirche ein Gedenkbuch, in dem die Opfer namentlich aufgeführt werden. Ebenfalls in der Kirche treffen wir auf ein Zeugnis des herrschenden Menschenbilds im Dritten Reich: Das Altarbild von 1938 zeigt einen arischen, „entjudeten" Christus mit athletischem Körper, umgeben von zwölf Gemeindemitgliedern, die alle von Heiligenscheinen gekrönt werden – ausgenommen die drei behinderten. Die Überzeugung, dass Behinderte Kranke sind, die medizinisch behandelt werden müssen und nicht pädagogisch begleitet, führte in der NS-Zeit zur Einrichtung eigener Tötungsanstalten, in denen die Deportierten durch medizinische Experimente, Überdosierung von Medikamenten und systematisches Verhungernlassen getötet wurden (vgl. Michael Wunder, Ingrid Genkel, Harald Jenner: Auf dieser schiefen Ebene gibt es kein Halten mehr. Die Alsterdorfer Anstalten im Nationalsozialismus, hrsg. von Rudi Mondry, Hamburg 1988).

Wir lassen diese Erinnerungsstätte für das verbrecherische Kapitel der Anstaltsgeschichte nun hinter uns und steigen hinauf zum heutigen Komplex des Alsterdorfer Markts. War die Anstalt, die 1987 in „Evangelische Stiftung Alsterdorf" umbenannt wurde, über Jahrzehnte bestrebt, durch eine intensive Bautätigkeit Wohnraum für die stets steigende Zahl von Zöglingen – 1000 waren es 1914, 1900 im Jahr 1938, 1200 Anfang der 1960er, 1700 in den 1980er Jahren – zu errichten, wurden seit den 1980er Jahren Bewohner auch in Wohngruppen außerhalb des Stiftungsgeländes untergebracht. Der Zeit der Verbrechen im Dritten Reich, der Skandale wegen Massenunterbringungen und Züchtigungen der Einwohner in der Nachkriegszeit und eklatanter finanzieller Probleme folgte seit spätestens den 1990er Jahren eine Zeit der strukturellen Wandlungen. Die Anstalten begannen sich zu öffnen. Ein erster Höhepunkt dieses Erneuerungsprozesses war sicher die Einweihung des Alsterdorfer Markts 2003.

Wenn wir das Gelände hinaufsteigen und an den alten Wohn- und Wirtschaftsgebäuden vorbeigehen, erreichen wir nach wenigen Schritten den zentralen Marktplatz des Stiftungsgeländes. Der Komplex aus sanierten Altbauten wie dem Kesselhaus mit Schornstein von 1910 und dem Wirt-

9 ALSTERDORFER MARKT

schaftsgebäude mit Wasserturm von 1912 (Alte Küche) wurde 2003 ergänzt durch Neubauten auf der Ostseite des Platzes (Abb. 9). Hier wird einmal wöchentlich Wochenmarkt abgehalten, übers Jahr werden zahlreiche Feste und Events organisiert. Das Konzept für die Umgestaltung eines Teils des ehemaligen Anstaltsgeländes zu einem Treffpunkt im Stadtteil mit Einkaufsmöglichkeiten sowie medizinischen und kulturellen Angeboten wurde 2004 mit dem europäischen Stadtentwicklungspreis DIFA-Special Award ausgezeichnet.

Wir verlassen jetzt den Alsterdorfer Markt an seiner Nordseite und gelangen auf den Paul-Stritter-Weg, dem wir nach links folgen. An der nächsten Ecke biegen wir rechts in die Elisabeth-Flügge-Straße ein. Hier liegt der 2014 fertiggestellte Neubau des evangelischen Krankenhauses Alsterdorf, dessen Ursprung auf das von Pastor Sengelmann 1897 errichtete „Haus für Kranke"– auch „Haus Bethabara" genannt – zurückgeht.

Heute ist die Klinik als einzige in Hamburg mit einem besonderen Versorgungsauftrag für Menschen mit Behinderungen ausgestattet und gehört als akademisches Lehrkrankenhaus zum Universitätsklinikum Eppendorf.

Folgen wir der Elisabeth-Flügge Straße weiter nach Norden, so erreichen wir nach nur hundert Metern die neue Barakiel-Sporthalle, die auch als „Halle für alle" bekannt ist. Im Jahr 2014 eingeweiht, ist die von der Stiftung zusammen mit der Bugenhagenschule geplante und errichtete Halle Hamburgs erste umfassend behindertengerechte Sportstätte. Gemäß den Zielen der Inklusion können hier Menschen mit und ohne Behinderung Sport treiben und die Schüler der nahegelegenen Bugenhagenschule regelmäßig ihren Sportunterricht durchführen.

Vorbei an einem Standort der Alsterarbeit GmbH und der AlsterFood GmbH rechter Hand sowie dem 1974 gegründeten Werner Otto Institut (einem sozialpädiatrischen Zentrum) und der Logopädenschule linker Hand gelangen wir nach nur etwa 150 Metern an die Rückseite des im Jahr 2000 eingeweihten Gebäudes der Bugenhagenschule und begeben uns auf die Vorderseite mit dem Schulhof zwischen Alt- und Neubau.

3 BUGENHAGENSCHULE

Die von Heinrich Sengelmann 1867 gegründete Heimsonderschule, die von Johannes Paul Gerhard (1867–1941), seit 1895 Schulleiter, zu einer Lehranstalt mit insgesamt neun Klassen und 115 Schülern in Vorschulklassen, Klassen für geistig und lernbehinderte Schüler sowie Gruppen für Erwachsenenbildung ausgebaut wurde, ging 1989 in den neu gegründeten Bugenhagenschulen auf. Der erfahrene Heilpädagoge Gerhard und Sengelmann arbeiteten eng zusammen. Beide waren der Überzeugung, dass jeder behinderte Mensch im Rahmen seiner Möglichkeiten zum Lernen fähig ist. 1913, zum Jubiläum des 50-jährigen Bestehens der Alsterdorfer Anstalten, stiftete die Stadt Hamburg ein neues Schulgebäude, in dem fortan auch Klassen für besonders schwer behinderte Kinder eingerichtet werden konnten.

Im Ersten Weltkrieg wurde die Schule zum Kriegslazarett umfunktioniert, erst 1920 wurde der Unterricht wieder aufgenommen. Das Interesse an der Arbeit der Schule ließ nach Ende des Krieges nach, sodass Gerhard Alsterdorf enttäuscht verließ. Nach Zerstörung des alten Gebäudes im Zweiten Weltkrieg sowie jahrzehntelangem Unterricht in Baracken bezog die Schule 1986

10 NEUBAU DER BUGENHAGENSCHULE

endlich einen Neubau. Hier wurden erstmals auch ältere, schwerstbehinderte Bewohner eingeschult. Die Gründung der Bugenhagenschulen 1989 als erste öffentliche Grundschule mit integrativen Klassen war auch die Folge eines Generationenwechsels bei den Bewohnern der Stiftung. Es lebten nun nicht mehr genug schulpflichtige Kinder hier, die eine eigene Schule hätten füllen können. 1995 weiteten die Bugenhagenschulen den Integrationsgedanken auf die Gesamtschule aus, sodass ein Neubau gegenüber erforderlich wurde (Abb. 10, Stölken Schmidt Architekten, Hamburg). Heute gibt es auch eine gymnasiale Oberstufe, die ihre Räume in einem Altbau neben der St. Nicolaus-Kirche bezogen hat.

Über die Auffahrt der Bugenhagenschule verlassen wir nun endgültig das ausgedehnte Gelände der Evangelischen Stiftung und stehen an der Alsterdorfer Straße.

4 OHLSDORF UND ALTES KREMATORIUM

Der nördliche Abschnitt der Straße zwischen Hindenburgdamm und Ohlsdorfer Friedhof, an dem wir uns befinden, gehörte ursprünglich zu Ohlsdorf, worauf auch der alte Name Ohlsdorfer Straße hinweist: Hier, östlich der Alster und südlich vom Bahnhof, befand sich einst die Siedlung Ohlsdorf. Als „Odelvestorpe" (das Dorf des Odulf) 1303 erstmals erwähnt wurde, gehörte es zum Besitz der Hamburger Familie vam Berge. Später kam das Dorf an das Zisterzienserinnenkloster Harvestehude und aus dessen Erbschaft an das Kloster St. Johannis. 1830 wurde Ohlsdorf, ein Bauerndorf mit nur drei Vollhufner-Höfen, der Landherrenschaft der Geestlande (der Verwaltung der nördlich von Hamburg gelegenen Gebiete) unterstellt und gleichzeitig mit Alsterdorf 1913 ein Stadtteil von Hamburg. Wirklich schön soll dieses Ohlsdorf nicht gewesen sein. Ein Zentrum wie etwa einen Marktplatz gab und gibt es nicht.

Ab 1874 begann die Stadt Hamburg, große Gebiete der Feldmark von Ohlsdorf nördlich der Fuhlsbüttler Straße bis zur Grenze nach Bramfeld anzukaufen. Hier sollte der neue Hauptfriedhof angelegt werden – bald das eigentliche Ohlsdorf. Für diesen Zweck verkauften die Bauern ihr Land, sodass von der ursprünglich bäuerlichen Struktur des Ortes bereits um 1900 nichts mehr übrig geblieben war (einziges Zeugnis ist die Hofanlage Wellingsbütteler Landstraße 59 aus der Zeit um 1750). Ebenso wie in Alsterdorf wurden überwiegend kleine Villen mit Wirtschaftsgebäuden errichtet, deren Nutzung durch Gärtnereien, Fuhrunternehmen, Steinmetze, Gastronomie und andere Dienstleister in engem Kontext mit dem Betrieb des Friedhofs stand. Das ist heute noch so. Reste dieser gründerzeitlichen Bebauung finden wir bei Hausnummer 517 und 524 sowie bei den Grundstücken 528–532. Insgesamt bietet sich hier ein sehr uneinheitliches Straßenbild: ein Durcheinander aus Resten jener Altbauten, häufig giebelständig, neben zwei- bis dreigeschossigen Nachkriegszeilen, oft mit Flachdächern sowie neuester Wohnbebauung, die bereits vier Geschosse aufweist. Mittendrin ragt das Baudenkmal des alten Krematoriums auf. Der Hamburger Feuerbestattungsverein, hervorgegangen aus dem 1874 gegründeten Verein zur Förderung der Leichenverbrennung, ließ dieses erste Krematorium Hamburgs 1892 von Ernst Paul Dorn errichten (Abb. 11). Nur Gotha (1878) und Heidelberg (1891) hatten bereits eine Leichenverbrennungsstätte.

An der heutigen Alsterdorfer Straße Nr. 523 entstanden auch ein Kolumbarium (oberirdisches Bauwerk zur Aufbewahrung von Urnen) und ein

Urnenhain. Die gesamte Anlage verfügte über einen direkten Zugang zur Alster mit eigenem Bootsanleger. Eine direkte Verbindung zur Hamburger Innenstadt war durch die Alsterschifffahrt möglich. Es war allerdings nicht das Baumaterial für die wachsende Metropole, das hier verschifft wurde, sondern man transportierte die Toten über den Fluss. Das Bevölkerungswachstum und die damit einhergehenden Raumprobleme hatten das Bestreben nach hygienischen und platzsparenden Bestattungsmethoden verstärkt. Bis zur Verstaatlichung der Kremation in der Weimarer Zeit blieb die Zahl der Einäscherungen

11 ALTES KREMATORIUM, UM 1900

vor allem aufgrund der ablehnenden Haltung der Kirchen gering. 1933 wurde bereits das neue Krematorium, gebaut von Fritz Schumacher, auf dem Ohlsdorfer Friedhof in Betrieb genommen.

Bis in die Nachkriegszeit wurden in der Alsterdorfer Straße 523 Trauerfeiern durchgeführt. Der repräsentative Zentralbau, dessen neuromanische Fassade Backsteinelemente und Putzflächen verbindet, wurde 1980 unter Denkmalschutz gestellt. Nichtsdestotrotz blieb das Gebäude, spätestens nachdem 1979 auch der Urnenhain aufgelöst wurde, sich selbst überlassen. Aus gut informierten Quellen ist bekannt, dass hier in den 1980er Jahren „Schwarze Messen" abgehalten worden sein sollen. Erst zwischen 1987 und 1989 erfolgte eine erste äußere Instandsetzung, gefolgt von der vollständigen inneren Erneuerung im Zuge der Umnutzung als Restaurant. Das „Alsterpalais" eröffnete 1998. Stilvoll vor dem gemütlichen Kaminfeuer des ehemaligen Verbrennungsofens zu speisen fand aber offenbar keine ausreichende Zahl an Freunden, sodass das Krematorium von 2003 bis 2007 erneut leer stand. Heute wird es von der Flachsland Zukunftsschule, einer bilingualen Betreuungseinrichtung für Kinder, genutzt – welch eine abwechlungsreiche Karriere.

Wir folgen nun der Alsterdorfer Straße bis zu ihrem Ende an der Fuhlsbüttler Straße, wenden uns einige Schritte nach links und erreichen den Platz vor dem Ohlsdorfer Bahnhof gegenüber dem Haupteingang zum Ohlsdorfer Friedhof.

5 U/S-BAHN-STATION OHLSDORF

Der Ausbau der Verkehrswege hat Ohlsdorfs Charakter grundlegend verändert. Die heutige S-Bahn erhielt hier zwischen 1904 und 1907 ihren Endbahnhof, von dem aus die Alstertalbahn Richtung Poppenbüttel weitergeführt wurde. Von 1912 bis 1914 folgte die Hochbahn (U-Bahn-Linie 1), die ab 1918 bis Langenhorn fortgeführt wurde. Nur noch Teile des im Landhausstil errichteten Bahnhofs sind aus seiner Entstehungszeit erhalten (Abb. 12). Die repräsentative Ausstattung der Fassade unterstreicht jedenfalls den Anspruch, der hier zum Ausdruck gebracht werden sollte. Ohlsdorf präsentiert sich urban. Auch das ab 1911 gegenüber errichtete neobarocke Verwaltungsgebäude des Friedhofs mit Zufahrtsportalen, repräsentativ von Wilhelm Cordes gestaltet, unterstreicht diesen Eindruck. Die weitere verkehrliche Entwicklung macht die heute vierspurig ausgebaute Fuhlsbüttler Straße lärmend deutlich. Die heutige Bevölkerung des Alstertals benutzt zahlreich das Auto, sodass die einstigen Dörfer von breiten Fahrstraßen zerschnitten werden.

Wir drehen nun der „Fuhle" den Rücken zu, durchqueren das Bahnhofsgebäude und finden uns auf dessen Rückseite am Im Grünen Grunde, gegenüber dem ehemaligen Eingang zum Familienbad Ohlsdorf, ein. Die letzte Tour dieses Bandes, eine Radtour alsteraufwärts, beginnt hier, sodass wir ohne Unterbrechung unseren Weg fortsetzen und der Straße nach rechts folgen. Etwa 200 Meter vom Bahnhofsgebäude entfernt fin-

12 BAHNHOF OHLSDORF, 1906

den wir, von viergeschossigem Wohnungsbau der SAGA umzingelt, das alte Straßenbahnwartehäuschen: ein kleines architektonisches Juwel, wie vom Himmel gefallen und sich selbst überlassen (Abb. 13). Im Grünen Grunde wendete einst die Bahn, bevor sie mit neuen Fahrgästen zurück zum Hauptbahnhof startete. Damit es die Fahrgäste trocken und warm hatten, wurde 1893/95 bzw. 1901 (die Quellen geben unterschiedliche Entstehungsjahre an) das Wartehäuschen errichtet. Das Schmuckstück mit mehr als hundert Fenstern wird seit 1999 privat als Künstleratelier genutzt.

13 EHEMALIGES STRASSENBAHN-WARTEHÄUSCHEN

Wir setzen unseren Weg über den wenige Meter entfernten Wendehammer fort, überqueren den Julius-Strandes-Weg, um dann dem Alsterwanderweg folgend die Ratsmühlenbrücke zu unterqueren. Am

Mühlenteich steigen wir zum Fahrweg der Brücke hoch und erreichen am westlichen Ufer der Alster Fuhlsbüttel. Tatsächlich liegt das Gebiet des alten Ohlsdorfs heute im Stadtteil Alsterdorf und das südliche Fuhlsbüttel im Stadtteil Ohlsdorf. Die Grenzen der Stadtteile entsprechen schon lange nicht mehr den Grenzen der alten Dörfer.

6 FUHLSBÜTTEL

Die erste der „Büttel-Ortschaften" haben wir nun erreicht. Bei den weiteren Spaziergängen in diesem Buch werden wir noch mehrere von ihnen kennenlernen. Der Namensbestandteil „-büttel" bezeichnet, aus dem Niederdeutschen stammend, eine sichere Siedlung, ein Haus oder einen Hof. Der erste Teil der Ortsnamen verweist jeweils auf eine Person. Im Falle von „Fulesbotle" soll es die Siedlung eines Fulo gewesen sein. Allerdings bedeutet der Wortstamm „ful" auch schmutzig und sumpfig, was auf die Beschaffenheit des Geländes direkt an der Alster verweisen könnte. Die Uferbereiche der Alster waren häufig überschwemmt, wovon nahegelegene Moorgebiete wie das Raakmoor, das Wittmoor und das Eppendorfer Moor zeugen.

Fulesbotle wurde 1283 erstmals urkundlich erwähnt, als das Dorf samt Mühle den Besitzer wechselte – Graf Gerhard verkaufte die Siedlung an das Kloster Reinfeld. Dieses wiederum verkaufte seine Besitzung wenig später an die Hamburger Bürgermeisterfamilie vam Berge, welche ihrerseits die Besitzrechte um 1400 an die Stadt Hamburg abtrat. Fuhlsbüttel ist also einer der ältesten Teile Hamburgs im Alstertal. Seine damalige Bedeutung verdankt sich vor allem der Alsterschleuse und der Mühle sowie der strategisch wichtigen Alsterfurt, mit denen wir uns später genauer beschäftigen (vgl. Tour 6). Zunächst wollen wir aber versuchen, ein wenig das alte Dorf nachzuzeichnen, von dem auch hier nur verschwindend wenige Elemente erhalten geblieben sind.

Kaum vorstellbar, dass im Bereich der heutigen Kreuzung Ratsmühlendamm/Maienweg, Brombeerweg/Erdkampsweg um 1850 nur 500

14 RATSMÜHLE IN FUHLSBÜTTEL, 1874

Menschen lebten. Das Dorf war geprägt von fünf Vollhufner-Höfen, dem Mühlenteich und den Mühlen (Abb. 14). In Ohlsdorf gab es zu dieser Zeit noch keinen Friedhof, sondern nur Felder, Knicks und Hünengräber. Zur Kirche musste man nach Eppendorf laufen, und nur einmal in der Woche kam eine Zeitung aus Hamburg. Wenn wir nun am Ende der Ratsmühlenbrücke nach rechts dem Brombeerweg folgen, liegt rechter Hand der Alsterpark, heute eine Grünfläche mit Spielplatz und einer gründerzeitlichen kleinen Villa direkt am Alsterlauf, in der sich das Restaurant „Alsterpark" (vgl. Tour 6, Station 3) befindet. Bis ins 19. Jahrhundert standen dort vier der fünf Hufner-Höfe des Flussdorfs nebeneinander aufgereiht. Gegenüber am östlichen Ufer des Mühlenteichs, an der Struckholt, wo 1954 das Albert-Schweitzer-Gymnasium seinen Schulbetrieb aufnahm, befand sich ebenfalls eine Siedlung mit reetgedeckten Häusern. Viele Alsterschiffer hatten sich dort niedergelassen. Außerdem gab es in Fuhlsbüt-

15 ERDKAMPSWEG, UM 1850

tel 22 Kätner und Brinksitzer – Kleinbauern, die nur wenig Land besaßen. Ihre Häuser befanden sich nicht direkt am Fluss, sondern am malerischen Alsterufer, das am heutigen Erdkampsweg auf 26 Meter ü. NN ansteigt (Abb. 15). Die meisten Hamburger wussten nicht einmal, dass Fuhlsbüttel zur Stadt gehörte, obwohl der Ort bereits 1893 eine eigene Kirche erhielt (St. Lukas am Hummelsbütteler Kirchenweg), die die erste Gemeindekirche im Hamburger Landgebiet nördlich von Eppendorf war. Noch um 1900 gab es neben den reetgedeckten Häusern im Dorf nur wenige Villen.

Wir setzen unseren Weg fort, indem wir den heute vierspurigen Brombeerweg am Ende des Alsterparks unterqueren, folgen wenige Meter der Hummelsbütteler Landstraße, um dann links in den Bergkoppelweg einzubiegen und nach wenigen Metern Anstieg den Wacholderweg mit dem gleichnamigen Park gegenüber zu erreichen (Abb. 16). In dem 1910 von Leberecht Migge (1881–1935) angelegten Wacholderpark wurde der erste öffentliche Spielplatz Deutschlands errichtet. 1918 erhielt Fuhlsbüttel einen U-Bahn-Anschluss, sodass der Ort zum attraktiven Siedlungsgebiet für bürgerliche Hamburger Familien wurde. An ihren Villen vorbei spazieren wir weiter den Wacholderweg entlang bis zur Kreuzung mit dem Erdkampsweg. Entlang der Straße befindet sich das wirtschaftliche Zentrum

16+17 WACHOLDERPARK, UM 1920, UND LANDHAUS FUHLSBÜTTEL, 1912

des Stadtteils. Bergab passieren wir zahlreiche Geschäfte, die im Unterschied zum Einzelhandel in vergleichbaren Gegenden eigentümergeführt sind und beim Warenangebot häufig eine große Bandbreite aufweisen.

1907 eröffnete in Fuhlsbüttel die erste Apotheke, die wir nach wie vor an der Ecke Maienweg / Ratsmühlendamm finden. Gegenüber hat das Restaurant „Landhaus Fuhlsbüttel" im ehemaligen Gebäude des Krämers Otto Lenffer eine Herberge gefunden (Abb. 17). Der Autoverkehr tost rund um den gastronomischen Betrieb und zeigt drastisch Fuhlsbüttels Entwicklung: Dem mehrspurigen Ausbau der Straßen hin zum Airport oder zu den Siedlungsgebieten weiter im Norden Hamburgs sind die letzten dörflichen Gebäude zum Opfer gefallen, so etwa das Restaurant „Zur Schleuse", das im Zuge der Verbreiterung des Ratsmühlendamms abgerissen wurde, nachdem es 200 Jahre lang von der Familie Bargmann betrieben worden war. Das Stammhaus

18 ABRISS „ZUR SCHLEUSE", 1970

hatte an der alten Mühle gestanden – vier von sechs Generationen der Eigentümerfamilie waren Schleusenmeister in Fuhlsbüttel gewesen (Abb. 18).

Noch bevor 1911 die Luftschiffhallengesellschaft gegründet wurde, brachte die Ansiedlung der „Correktionsanstalt", heute Justizvollzugsanstalt (JVA) Fuhlsbüttel, einschneidende Veränderungen. Die Apotheke im Rücken, wenden wir uns nach links, biegen in die Rübenhofstraße mit ihrer charmanten Mischung aus Villen- und Geschosswohnungsbau ein und erreichen nach nur etwa 200 Metern die Straße Am Hasenberge und den Eingang zur Justizvollzugsanstalt Fuhlsbüttel.

7 „SANTA FU"

Wir stehen nun vor dem Torhaus des zwischen 1901 und 1905 errichteten Gefängnisses II. Im Hochsicherheitsgefängnis „Santa Fu" (so der Name des Volksmunds seit den 1970er Jahren, das amtliche Kürzel für „Strafanstalt Fuhlsbüttel" lautet „St. Fu") sitzen heute etwa 260 Männer ihre Haftstrafe ab und arbeiten etwa 300 Angestellte – wer von Ohlsdorf spricht, meint den Friedhof, wer von Fuhlsbüttel spricht, meinte lange das Gefängnis. Die Fuhlsbütteler gaben deshalb gern an, „aus der Gegend um Ohlsdorf" zu stammen, so tief war das Stigma, welches den Stadtteil mit dem „Centralgefängnis" (so die Bezeichnung um 1900) gleichsetzte. Kaum jemand weiß allerdings, dass der Komplex nach Grenzverschiebungen gar nicht mehr Teil Fuhlsbüttels ist, sondern zu Ohlsdorf gehört.

Die Anfänge der Einrichtung gehen auf die Jahre 1865 bis 1869 zurück, als das Werk- und Armenhaus von Barmbek im Ort eine Zweigstelle erhielt. Die Insassen waren zu dieser Zeit noch keine Strafgefangenen, sondern Menschen am Rande der Gesellschaft wie etwa Bettler oder Vagabunden, häufig auch junge Leute, die durch körperliche, meist landwirtschaftliche Arbeit gebessert werden sollten. Die „Correktionsanstalt" war für etwa 200 Insassen geplant worden, jedoch mit mehr als tausend Menschen schnell überfüllt. 1879 wurde nach dreijähriger Bauzeit endlich das „Centralgefängnis", das Gefängnis I am Suhrenkamp, eröffnet (Abb. 19).

Die gesamte Anlage, bestehend aus Gefängnis I und II, wurde auf 64 Hektar ehemals landwirtschaftlich genutzter Fläche errichtet. 1911 saßen 1400 Männer und Frauen in der JVA (so die Bezeichnung seit 2003) ein. Von der Correktionsanstalt steht nur noch ein kleines Gebäude am Maienweg Nr. 162 A. Die Auswirkungen, die die Ansiedlung der Vollzugseinrichtung für die Bewohner des Dorfes Fuhlsbüttel hatte, können wir uns nicht drastisch genug vorstellen. Die „Einwohnerzahl" stieg so stark, dass die Alster als Fahrweg kanalisiert wurde, damit überhaupt schnell genug Waren zum und vom Gefängnis aus transportiert werden konnten (vgl. Tour 1).

Steigen wir nun die Straße bis zu ihrem Ende hinauf und biegen dann links ab in den Suhrenkamp, erreichen wir nach etwa 200 Metern das Torhaus von Gefängnis I, einem Schauplatz des Strafvollzugs der NS-Justiz. Auf dem Weg passieren wir einen Teil der vor den fünf Meter hohen Gefängnismauern rund um die gesamte Anlage errichteten Beamtenwohnhäuser. Ihre in den einzelnen Straßen einheitliche Architektur bildet jeweils einzigartige Ensembles.

1933 änderten die Nazis ihren Plan, die Strafanstalten Fuhlsbüttel abzureißen, und nutzten das Gefängnis fortan für die sogenannte Schutzhaft politischer Gegner. Neben diesem Vor-Untersuchungsgefängnis der Gestapo existierte der gewöhnliche Strafvollzug weiter. Allein nach dem Novemberpogrom wurden 700 Menschen in die Haftanstalt eingeliefert. Von Oktober 1944 bis Februar 1945 nutzte die SS einen Teil des Zuchthauses als Außenlager des KZ Neuengamme. In nur vier Monaten starben 200 der insgesamt 1300 auf engstem Raum eingepferchten Insassen aus zehn Nationen an den Folgen der brutalen Behandlungen. Die weitere Geschichte der als „Kola-Fu" berüchtigten Nazieinrichtung wird in der seit 1987 im Torhaus eingerichteten Gedenkstätte „Konzentrationslager und Strafanstalten Fuhlsbüttel 1933–1945" dargestellt. Während der NS-Zeit wurden hier 450 Männer und Frauen umgebracht.

Die Gefängnisbauten im Rücken, erblicken wir gegenüber Firmenbauten, die zum Gewerbegebiet zwischen Suhrenkamp und Röntgenstraße gehören. Und bestimmt liegt auch gerade das tiefe Grollen eines am Airport startenden Düsenjets in der Luft. Mit diesem Blick auf das heutige Fuhlsbüttel, dessen Wirtschaft und Verkehr vom Flughafen dominiert werden, endet unsere Tour.

 ## HAMBURG AIRPORT – HELMUT SCHMIDT

Im Westen Fuhlsbüttels, an der Grenze zu Langenhorn, lagen einst die moorigen Gebiete Schattbrook und Swarten Ree. Ursprünglich war auf dem sumpfigen Gelände Torf gestochen worden, bis Häftlinge aus Santa Fu es kanalisierten und trockenlegten. 1912 wurde dann auf dem Gelände des 1911 gegründeten Luftschiffhafens der Grundstein für die erste Luftschiffhalle in Fuhlsbüttel gelegt. Das Gebäude war 160 Meter lang und bot Platz für gigantische Luftschiffe wie die „Viktoria Luise" oder „Hansa". Nachdem die Ära der Luftschiffe allerdings schnell vorbei war, begann die zivile Luftfahrt mit Flugzeugen ihren Höhenflug. 1919 nahm die Deutsche Luftreederei den weltweit ersten Linienflug-

FLUGTAG IN FUHLSBÜTTEL, UM 1912

verkehr nach Berlin und Weimar auf. Ein Ticket kostete rund 700 Mark, das Vielfache eines monatlichen Durchschnittseinkommens. 1920 wurden 241 Passagiere gezählt, 1925 bereits 21 499 und 1955 etwa 450 000. Heute können am Hamburg Airport stündlich 58 Flüge abgefertigt werden. Neben den 1700 Mitarbeitern direkt am Flughafen arbeiten etwa 12 500 weitere Angestellte in den 250 Unternehmen am und um den Flughafen. Das 1929 von Friedrich Dyrssen und Peter Averhoff errichtete Abfertigungsgebäude wurde weltweit zum Vorbild für Flugbahnhöfe.

Nach umfangreichen Modernisierungs- und Ausbaumaßnahmen seit 1990 ist der älteste Flughafen Deutschlands heute mit über 45 Millionen Passagieren jährlich der fünftgrößte des Landes. Die 1945 durch die britischen Besatzungstruppen vorgenommene Umbenennung von „Flughafen Hamburg-Fuhlsbüttel" in „Hamburg Airport" hat nichts daran geändert, dass der Stadtteil nach wie vor Synonym des Airports ist. Die Schattenseiten dieses großen wirtschaftlichen Motors wie das ständig steigende Verkehrsaufkommen und die Lärmbelästigung sind für die Bewohner Fuhlsbüttels und der angrenzenden Stadtteile alltäglich. Inzwischen ist der Flughafen zu Ehren

FLUGHAFENGEBÄUDE VON FRIEDRICH DYRSSEN UND PETER AVERHOFF, 1929

des verstorbenen Altkanzlers Helmut Schmidt in „Hamburg Airport – Helmut Schmidt" umbenannt worden.

CAFÉS / RESTAURANTS

Alsterback
Alsterdorfer Straße 470 A
→ *Nachbarschaftscafé mit super Kaffee, Toasts und sympathischem Service – schon morgens ab 6.30 Uhr*

Café Fritz
Fuhlsbüttler Straße 758
www.cafefritz-hamburg.de
→ *Parkcafé am modernisierten Krematorium des Ohlsdorfer Friedhofs*

Café Luise – kleine Bäckerei
Erdkampsweg 12
www.cafe-luise-baeckerei.de
→ *Familienunternehmen seit 60 Jahren, sensationelles Backwerk ohne Zusatzstoffe, gemütliches Café*

Café Schwesterherz
Alsterdorfer Straße 572
www.cafeschwesterherz.hamburg/
→ *klassisches Kaffeehaus nur 20 Meter vor dem Haupteingang zum Ohlsdorfer Friedhof*

Kaffeehaus
Woermannsweg 20
www.das-kaffeehaus-hamburg.com
→ *helles Landhaus-Café mit antiken Möbeln (auch zum Kauf), hausgemachte Kuchen und Torten*

LÄDEN

Feinkost Walter
Hummelsbütteler
Landstraße 13
→ *traditionelles Fischgeschäft – maritimes Ambiente inklusive*

Froschkönig
Erdkampsweg 18
www.froschkoenig-hamburg.de
→ *Spielwaren und Geschenkartikel – eine wahre Fundgrube*

Gitronik
Fuhlsbüttler Straße 681
www.gitronik.de
→ *Fachhandel rund um die Musik seit 30 Jahren*

Miniseitz
Alsterdorfer Markt 12
→ *Schönes rund ums Kind, Dekoartikel, Bücher und ausgewählte Schokoladen*

HOTELS

Landhaus Fuhlsbüttel
Brombeerweg 1
www.landhaus-fuhlsbuettel.de
→ *Hotel und Restaurant in historischem Gebäude*

FREIZEIT / SPORT

**Sportclub Alstertal-
Langenhorn e.V. (SCALA)**
Lüttkoppel 1
www.scala-sportclub.de
→ *Der 1909 gegründete Verein ist heute der
größte im Norden Hamburgs und bietet eine
Vielzahl von Sportarten und -stätten.*

KULTUR

Silke Silkeborg
Im Grünen Grunde 20 A
www.silke-silkeborg.de
→ *Künstleratelier im alten Straßenbahnwartehäuschen*

**Gedenkstätte Konzentrationslager
und Strafanstalten Fuhlsbüttel
1933–45**
Suhrenkamp 98
www.museumsdienst-hamburg.de
→ *Dokumentation im ehemaligen Torhaus
von Santa Fu*

SOZIALES / NON-PROFIT

Santa-Fu-Projekt
www.santa-fu.de
→ *Vertrieb von Produkten, die in den Werkstätten der Justizvollzugsanstalt gestaltet,
bedruckt, veredelt, verpackt oder ganz hergestellt wurden – Erlöse gehen zum Teil an
den Weißen Ring e.V.*

**Dienstleistungsangebote der
Evangelischen Stiftung Alsterdorf**
www.alsterdorf.de:

Alstermarkt
Alsterdorfer Markt 10
www.alsterarbeit.de
→ *Änderungsschneiderei, Buchantiquariat,
Schuhmacherei, Second Hand Shop, Atelier
Lichtzeichen*

Alsterspeiche
Dorothea-Kasten-Straße 1
www.alsterarbeit.de
→ *Fahrradladen, bei Pannen nach Laden-
schluss hilft der Fahrradschlauchautomat
vor der Tür*

Barakiel Halle
Paul-Stritter-Weg 7
www.alsterdorf.de
→ *Sport-„Halle für alle" Menschen mit und
ohne Einschränkungen*

Q8 Quartiersentwicklung
Alsterdorfer Markt 18
www.q-acht.net
→ *Förderung des sozialen Miteinanders
zum Aufbau besserer Lebensbedingungen
und Versorgungsstrukturen*

Restaurant Kesselhaus
Alsterdorfer Markt 14
www.alsterdorfer-kesselhaus.de
→ *Speisen im historischen Kesselhaus der
„Alsterdorfer Anstalten"*

TEGELSBARG, HUMMELSBÜTTEL UND KLEIN BORSTEL

3

Tegelsbarg ✶ NSG Hummelsbütteler Moore ✶ Sievertsche Tongrube/Christopheruskirche ✶ Hummelsbütteler Markt ✶ Am Karpfenteich/Am Gnadenberg ✶ Grenzstein am Brombeerweg ✶ Teetzpark ✶ Grüner Winkel ✶ Frank'sche Siedlung ✶ Klein Borstel, S-Bahnhof Kornweg

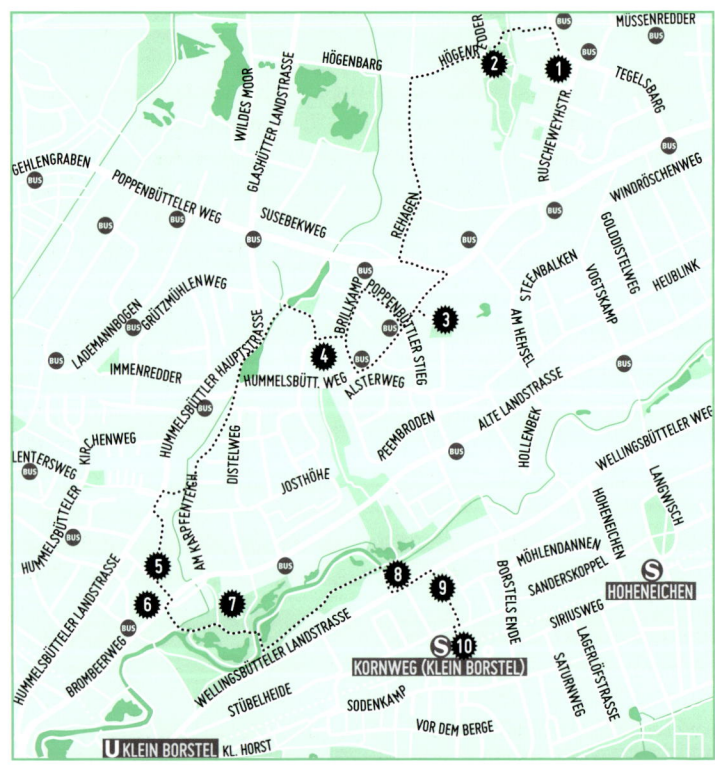

STARTPUNKT: Tegelsbarg (Buslinien 24, 174, Haltestelle
„Norbert-Schmid-Platz")
ENDPUNKT: Klein Borstel, S-Bahnhof Kornweg (Klein Borstel, S 1 / S 11)
DAUER: etwa 3 Stunden (Die Tour kann verkürzt werden durch einen
Beginn am Hummelsbütteler Markt (Station 4), zu erreichen mit der
Buslinie 174, Haltestelle „Hummelsbüttel EKZ")

Diese ausgiebigere Tour führt durch zwei recht unterschiedliche Hamburger Stadtteile, deren Entwicklung jeweils eigene Spuren hinterlassen
hat. Während das frühere Bauerndorf Hummelsbüttel mit seinen modernen
Hochbauten im Zentrum und den beiden Großwohnsiedlungen Tegelsbarg
im Osten und Lentersweg im Westen teilweise fast großstädtisch wirkt, ist
Klein Borstel bis heute stolz auf seine dörfliche Struktur und die „gefühlte"
Unabhängigkeit vom größeren Ohlsdorf, zu dem es offiziell gehört.

Hummelsbüttel, das um 800 oder 900 entstanden sein könnte, wird im
Jahr 1319 erstmals in einer Urkunde genannt, eine hier ansässige Familie
Hummersbotle schon einige Jahrzehnte früher. Ein „Ur-Dorf-Gründer"
Hunmar wird mittlerweile jedoch eher als Legende betrachtet, ebenso
wie die Raubritterburg, die ein Johann von Hummersbotle hier im 13.
Jahrhundert besessen haben soll. Das Wappen der Familie, das übrigens
mit dem einer an der Elbe lebenden Familie namens Wedel identisch war,
zeigte – und dies ist sicher – ein Richtrad: Zeichen der Befugnis, vor Ort
Recht zu sprechen.

Bis ins 17. Jahrhundert unterstand das Dorf der Grafschaft Pinneberg,
bis diese 1640 vom dänischen König Christian IV. annektiert („Herrschaft
Pinneberg") und 1806 wiederum dem dänischen Holstein zugeschlagen
wurde. In dieser Zeit hatte Hummelsbüttel etwas mehr als 200 Einwohner.
Dazu gehörten neun schon im Mittelalter entstandene Vollhufen (= Groß-
bauernhöfe mit Landbesitz), aber auch 14 Zubauern (= Kleinbauern mit
Landwirtschaft als Nebenerwerb), Handwerker und Gewerbetreibende mit
ihren Familien sowie einige Tagelöhner (erst in der Mitte des 17. Jahrhun-

ders hatten sich die ersten sogenannten Brinksitzer im Ort angesiedelt, die im Unterschied zu den Großbauern lediglich Haus und Garten besaßen und einem einfachen Beruf nachgingen). Hummelsbüttel war somit immer einer der größeren Orte des Alstertals. Die Zahl seiner Einwohner stieg – der Entwicklung Hamburgs folgend – auch später, so z.B. von etwa 650 im Jahr 1900 auf rund 2000 im Jahr 1937, das per „Groß-Hamburg-Gesetz" auch Hummelsbüttel zum Vorort machte. Heute leben hier rund 17 000 Menschen in unterschiedlichsten Wohnformen – vom Hochhaus bis zur Villa. Und obwohl (oder weil) der Stadtteil mangels Schienenanbindung an den öffentlichen Nahverkehr noch immer etwas abseits liegt, ist diese Mischung aus Stadt und und Natur zunehmend beliebt.

Das auf der anderen Alsterseite gelegene Klein Borstel macht dagegen bis heute einen beschaulichen Eindruck. Fast eingezwängt liegt es zwischen dem Ohlsdorfer Friedhof und dem Fluss und wird von Westen nach Osten, etwa von der Ratsmühlenbrücke bis zu der Straße mit dem sprechenden Namen „Borstels Ende" – der früheren Grenze Hamburgs zu Preußen –, von der Bahnstrecke geteilt. Vor allem im jetzigen Ortskern beim S-Bahnhof Kornweg bestätigt sich der Werbeslogan der hiesigen Gewerbetreibenden („Ein Dorf in Hamburg") auf anschauliche Weise. Anders als Hummelsbüttel ist das 1304 erstmals schriftlich erwähnte, aber viel früher gegründete „Borstelde" immer ein sehr kleines, anfangs nur aus zwei Vollhufen bestehendes Dorf gewesen, dessen wenige Häuser sich im Gebiet links (Struckholt) und rechts (Wellingsbütteler Landstraße) der heutigen U-Bahn-Station Klein Borstel (U 1) konzentrierten. Noch um 1800 lebten dort keine hundert Menschen zwischen den umliegenden Feldern. In besagtem Jahr 1304 wurde das Dörfchen durch Graf Adolf V. von Holstein-Segeberg einem hamburgischen Bürger zum Geschenk gemacht, von dessen Familie es dann fast 200 Jahre später wiederum das Kloster St. Georg erwarb, in dessen Besitz es – mit der Unterbrechung der französischen Besetzung Hamburgs – rund 350 Jahre blieb. Seit 1830 unter hamburgischer Verwaltung, wurde Klein Borstel 1913 nach Hamburg eingemeindet und 1938 schließlich Ohlsdorf zugeschlagen.

Zu einigem Wohlstand gelangte das anfangs wenig begüterte Dorf vor allem durch Landverkäufe für die Erweiterung des Ohlsdorfer Friedhofs sowie im Zuge der allgemeinen Aufsiedlung des Alstertals. Aus dieser Zeit um 1900 finden sich noch einige stattliche gründerzeitliche Villen – vor allem an der Wellingsbütteler Landstraße –, während ältere Bauten praktisch nicht mehr existieren. Durch die Verkehrserschließung nahm auch die Entwicklung des Dorfs nochmals an Fahrt auf: Das Jahr 1880 brachte die Einrichtung der Straßenbahn bis Ohlsdorf (vgl. Tour 2, Station 5), 1882 den Ausbau der Landstraße, 1906 den Betrieb der Vorortbahn, wiederum zunächst bis Ohlsdorf – all dies förderte sowohl den Freizeitverkehr als auch weiteren Zuzug. Dieser setzt sich aktuell fort, etwa in der von einer Baugemeinschaft realisierten „Klimaschutzsiedlung" am Sodenkamp, zwischen der S-Bahn-Trasse und dem Ohlsdorfer Friedhof. Der Bevölkerungsanstieg auch in wirklich oder vermeintlich entlegeneren Stadtteilen folgt einer Renaissance großstädtischen Wohnens, hat aber auch mit steigenden Miet- und Kaufpreisen für Immobilien zu tun, die häufig zu einem Umzug an den (noch) günstigeren Stadtrand zwingen.

1 TEGELSBARG

Der Norbert-Schmid-Platz (zur Namensgebung vgl. Tour 5, Station 2) ist das Einzelhandels- und Verkehrszentrum der am östlichen Rand Hummelsbüttels errichteten Siedlung Tegelsbarg. Ein Großwohnprojekt wurde hier schon seit 1958 geplant, jedoch erst ab Mitte der 1970er Jahre gebaut; mit seiner hohen räumlichen Verdichtung stellte es ein Novum im Alstertal dar. Entsprechend umstritten waren die aus einem Gutachterverfahren als Sieger hervorgegangenen Entwürfe (K. Nickels und T. Ohrt, 1968), die auf der gut siebzig Hektar großen Fläche zunächst 4800 Wohneinheiten vorsahen. Durch heftige Kritik – u.a. von Bewohnern umliegender Einfamilienhäuser –, die sich vor allem an den geplanten Geschosshöhen entzündete und auch auf negative Entwicklungen bei vergleichbaren Großsiedlungen verwies, geriet das Projekt zum Politikum. Nach der

Bürgerschaftswahl wurde per Koalitionsvereinbarung eine Änderung des Bebauungsplans beschlossen, der dann nur noch 2100 Wohnungen bei insgesamt geringeren Geschosshöhen vorsah. Nach einigen Ergänzungen gibt es im Tegelsbarg heute knapp 2500 Wohnungen, unter denen Mietwohnungen den größten Anteil (etwa 1800) ausmachen; der Rest verteilt sich u.a. auf Eigentums- und Altenwohnungen sowie auf rund 250 Eigenheime und einige Reihenhäuser.

Erschlossen wird das Gebiet über die sich am Norbert-Schmid-Platz kreuzenden Straßen Müssenredder, Tegelsbarg und Ruscheweyhstraße. Die beiden letztgenannten Straßen bilden Achsen, von denen Stichstraßen und ein Netz von Fußwegen zu den seitlich anliegenden Häusern führen. Während diese meist drei- bis viergeschossig ausgeführt wurden, stehen im zentralen Kreuzungsbereich auch höhere Gebäude. Schon in den ursprünglichen Planungen vorgesehen war eine Begrünung der Straßen mit Knicks (Wallhecken) und Bäumen. Während sich östlich in Poppenbüttel eine ältere Eigenheimsiedlung anschließt, grenzt Tegelsbarg im Westen an das Landschaftsschutz- und Naherholungsgebiet Hummelsbüttler Feldmark (vgl. Station 2).

Insgesamt zeugt die Siedlung mit ihren gemischten Wohnformen von einem Umdenken gegenüber dem betonbrutalistischen Großsiedlungsbau der 1960er Jahre. Dennoch hat Tegelsbarg zusammen mit der nahe Fuhlsbüttel ebenfalls in den 1970er Jahren errichteten Großsiedlung Lentersweg das Bild des Alstertals stark verändert. Beiden Projekten gemeinsam ist zudem eine unbefriedigende Anbindung an den öffentlichen Nahverkehr, der meist nur über Busse erfolgt. Der dem Tegelsbarg damals zugesagte U-Bahn-Anschluss ist nie realisiert worden.

Hinter dem Norbert-Schmid-Platz gelangen wir in die Feldmark, wo uns ein Kontrastprogramm erwartet.

2 NSG HUMMELSBÜTTELER MOORE

Eine kleine Grünzone bildet den Übergang zur Feldmark, wo wir in gera-

1 BLICK VOM „MONTE MÜLL"

der Richtung bis zur Straße Högenredder gehen und links abbiegen. An der Ecke fällt der ungewöhnliche Bauspielplatz (kurz: „Baui") der Initiative Aktivspielplatz Tegelsbarg e.V. auf. Das 1982 ins Leben gerufene Projekt geht auf eine Elterninitiative zur offenen Jugendarbeit im Stadtteil zurück. Der Bauspielplatz bietet Kindern und Jugendlichen bis 14 Jahren auf 240 Quadratmetern kostenlose Spiel- und Beschäftigungsmöglichkeiten. Unter Anleitung kann hier sogar gebacken und mit Holz gearbeitet werden; auch Fahrradreparaturen sind möglich.

Der Högenredder führt in Ost-West-Richtung durch das Landschaftsschutzgebiet. Im nördlichen Teil des etwa sechzig Hektar großen Geländes liegen die Naturdenkmale Hüsermoor und Ohlkuhlenmoor (NSG Hummelsbütteler Moore), die unter der Betreuung des Botanischen Vereins Hamburg und der Loki-Schmidt-Stiftung stehen. Im Westen, jenseits der Glashütter Landstraße, schließt das etwas größere NSG Raakmoor an. Vom

Norden der Feldmark grüßt ein früherer Müllberg (auch „Monte Müll" genannt) und heutiger Aussichtspunkt. Seine für Hamburger Verhältnisse beachtliche Höhe von 76 Metern erlaubt schöne Fernblicke, manchmal bis zu den Harburger Bergen (Abb. 1). Der nahe Hummelsee ist ein beliebter Freizeittreff.

Das NSG Hummelsbütteler Moore zählt zu den kleineren und relativ jungen Schutzgebieten innerhalb Hamburgs und erhielt erst 2008 einen vollständigen Schutzstatus. Hier finden sich außer den beiden kleinen Mooren vor allem Birkenbruchwald, Feuchtwiesen und Knicks, auch kommen hier Moorfrösche, Eidechsen und Libellen vor. Die Moore sind zugleich Quellmoore der fischreichen Susebek, die die Feldmark und Hummelsbüttel durchfließt und nach 4,5 Kilometern im Teetzpark in die Alster mündet (vgl. Station 7). Zum Schutz von Flora und Fauna wurde in der Feldmark auf öffentliche Spazierwege verzichtet.

Wir biegen daher links in die wenig befahrene Straße Rehagen ab und sehen bald auf der rechten Seite den seit 1968 bestehenden Reithof Bockholt. Das Gelände, auf dem heute einer der zahlenmäßig stärksten (500 Mitglieder) Hamburger Pferdesportvereine u.a. Turnier- und Breitensport sowie seit 1982 Pferdezucht betreibt, gehörte früher zu einem der großen Hummelsbütteler Höfe – sein Besitzer, der Landwirt Willi Gerckens (gest. 1974), war zugleich der letzte Bürgermeister des selbständigen Dorfs.

Wir überqueren den zum Ring 3 ausgebauten Poppenbütteler Weg an der großen Kreuzung mit dem Hummelsbütteler Weg. Kurz vor der Christopheruskirche führt links ein kleiner Weg zur Sievertschen Tongrube, einem Relikt der Hummelsbütteler Ziegelsteinproduktion.

3 SIEVERTSCHE TONGRUBE/CHRISTOPHERUSKIRCHE

Ziegelsteine wurden in Hummelsbüttel schon vor Jahrhunderten gebrannt. Doch erst infolge des Großen Hamburger Brandes von 1842, der einen gewaltigen Bedarf an neuen Steinen erzeugte, entstanden vier gewerblich produzierende Großbetriebe. Sie prägten den Charakter des Dor-

2 ZIEGELEI STEINHAGE (WERK I) IN HUMMELSBÜTTEL, UM 1930

fes für viele Jahre nicht nur architektonisch – durch Hallen, Loren und Schienenstränge, Schornsteine und Trockenschuppen –, sondern auch in sozialer Hinsicht, da sie Saisonarbeiter beschäftigten, die auch ihren Lebensmittelpunkt in Hummelsbüttel bzw. im Alstertal hatten. Der bedeutendste Betrieb war das Werk I der Ziegelei von Wilhelm Steinhage an der Glashütter Landstraße (Abb. 2). Hier wurde bis 1968 gearbeitet, doch nur der Name „Ziegeleiweg" erinnert noch daran. Auf einem Teil des ehemaligen Werksgeländes befindet sich heute eine Freizeitanlage, die die frühere Tongrube als Badesee nutzt (Abb. 3). Vom Sievertschen Betrieb dagegen, der von 1898 bis in die 1950er Jahre produzierte, ist die Tongrube erhalten. Sie wird als Naturdenkmal (1986) vom Botanischen Verein zu Hamburg e.V. betreut und ist für die Quartärforschung – also die Untersuchung der jüngsten erdgeschichtlichen Zeitabschnitte – bedeutend, da die sichtbaren Erdschichtenfolgen Erkenntnisse zur Klimaentwicklung liefern.

3 HUMMELSBÜTTELER ZIEGELEISEE, UM 1930

Die evangelisch-lutherische Christopheruskirche an der Einmündung des Poppenbüttler Stiegs wurde 1953 eingeweiht, der mit ihr verbundene, 26 Meter hohe, kupfergedeckte Turm erst 1954/55. Die Entwürfe stammten wieder von den Architekten Bernhard Hopp (1893–1962) und Rudolf Jäger (1903–1978), die deutschlandweit am Bau von rund fünfzig Sakralbauten beteiligt waren (vgl. Station 9 und Tour 4, Station 4). In Hamburg wirkten sie nach dem Zweiten Weltkrieg außer am Wiederaufbau der Hauptkirchen St. Katharinen (1945) und St. Jacobi (1959) auch am Bau der Grindelhochhäuser (ab 1946) mit. Die Innenausstattung der Christopheruskirche wurde zum Teil von dem deutschen Bildhauer Fritz Fleer (1921–1997) entworfen, der in Hamburg mit diversen Skulpturen im öffentlichen Raum vertreten ist (Abb. 4).

Die Hummelsbütteler Christopheruskirche war das erste Gotteshaus am Ort: Seit dem „Gottorper Vergleich" von 1768, der Hamburgs Unabhängigkeit vom dänisch regierten Holstein bestätigte, bis 1894 war der Ort in die Niendorfer Gemeinde eingepfarrt. Der für Kirchgänger weite Weg verlief zum Teil auf der historischen „Dänenbrücke" von 1798, die mit der Tarpenbek einst die Grenze zwischen der dänischen Herrschaft Pinneberg und Preußen überspannte und 2015 auf dem Flughafengelände in Fuhlsbüttel freigelegt wurde. Allerdings war der Weg zuvor, als Hummelsbüttel jahrhundertelang zum Urkirchspiel Eppendorf gehörte, kaum kürzer gewesen. Seit 1893 erfolgte eine Betreuung durch die Eppendorfer „Filial-Gemeinde" in Fuhlsbüttel. Die kirchliche Gemeindearbeit in Hummelsbüttel selbst begann 1946.

4 CHRISTOPHORUSKIRCHE, ALTAR

Entweder geradeaus den Hummelsbütteler Weg entlang oder rechts über den Poppenbüttler Stieg kommen wir zum Brillkamp und von dort links ins frühere Dorf- und heutige Einkaufszentrum.

 HUMMELSBÜTTELER MARKT

Am Hummelsbütteler Markt erinnert auf den ersten Blick wenig an ein Bauerndorf, stehen hier doch sogar die höchsten Hochhäuser des Stadtteils. Allerdings deutet die Straße um das neue Zentrum noch die Form des alten Rundlings aus der Schauenburger Zeit (ab dem 16. Jahrhundert) an. Die Neubauten wurden hier im Wesentlichen in den 1970er Jahren errichtet und zeigen den besonderen Wandel, dem Hummelsbüttel ausgesetzt war. Ein Grund war die nach dem Zweiten Weltkrieg in Hamburg herrschende Wohnungsnot, die sich in Hummelsbüttel schon in den 1950er Jahren gravierender ausgewirkt hat als im Rest des Alstertals, und auch später noch baute man auf dem Land der Hummelsbütteler Bauern statt aufgelockerten Einfamilienhaussiedlungen in sehr viel größeren und höheren Dimensionen.

5 HOF WELLS AN DER DORFSTRASSE, UM 1900

Ein kurzer Bummel über den „Markt" zeigt den etwas spröden Charme des kleinen Zentrums, das Wohn-, Einkaufs- und Einkehrmöglichkeiten bietet, sonst jedoch wenig Verweilqualität besitzt (da es zudem in Hummelsbüttel nie einen Markt gegeben hat – und bis heute nicht gibt –, ist die Platzbenennung zumindest fragwürdig). Es waren u.a. diese sich abzeichnenden Veränderungen baulicher Art, die den Schriftsteller Hermann Claudius (1878–1980, Abb. 6) im Jahr 1960 veranlassten, den Ort zu verlassen, an dem er so viele Jahre gelebt hatte. Nicht weit entfernt, am Hummelsbütteler Weg 26, wohnte Claudius in seinem noch existierenden „Eschenhus". Er war ein Urenkel des berühmten „Wandsbeker Bothen" Matthias Claudius (1740–1815) und selbst ein volksnaher, oft in plattdeutscher Mund-

6 HERMANN CLAUDIUS
(1878–1980)

art schreibender Lyriker und Erzähler. Einer seiner bekanntesten Texte verklärt Hummelsbüttel zur „Uhlenbüttler Idylle". An den Dichter bzw. sein Werk erinnert die Straße „Uhlenbüttler Kamp".

Angesichts der Hochhauskulisse überraschen einige Ansichten an der Dorfstraße, wo mit Katen und Hofgebäuden noch Reste alter Bausubstanz existieren. Direkt an der Einmündung des Grützmühlenwegs steht etwa das mit der Jahreszahl 1904 versehene Eckhaus des Timmschen Hofs, der schon im Domregister von 1583 erwähnt wird (gleich gegenüber lag der Hof der Familie Wells, von dem jedoch nichts mehr erhalten ist, Abb. 5). Einige weitere ältere Hofgebäude haben an der Einmündung zum Hummelsbütteler Weg die Zeiten überdauert – selbst eine kleine Pferdekoppel gibt es dort noch auf dem Rest des Rugeschen Hofs. Die Einfahrt zum Grützmühlenweg wird von einem Kaiser-Wilhelm-Gedächtnisstein (1897) und einer Doppeleiche von 1898 dominiert, die an die schleswig-holsteinische Erhebung gegen die Dänen fünfzig Jahre zuvor erinnern soll. Das älteste Haus Hummelsbüttels findet sich etwas weiter am Grützmühlenweg 13: Fast verträumt und idyllisch gelegen am größeren von zwei Susebek-Stauteichen steht dort eine letzte Reetdachkate aus der Zeit um 1800, die heute wieder als privates Wohnhaus dient.

Die seit 1841 auf dem Nachbargrundstück zur Linken betriebene Grützmühle des Bäckers Behrmann wurde dagegen schon 1885 stillgelegt: Der

7+8 MAHLWERK DER GRÜTZMÜHLE, UM 1850, UND HUMMELSBÜTTELER GRÜTZMÜHLE

von zwei Pferden angetriebene Göpel (Abb. 7) – eine hölzerne Wellenkonstruktion, auf die die Maßeinheit der „Pferdestärke" (PS) zurückgeht – war eines Tages von einem Gespann so stark beschädigt worden, dass die Mühle nicht weiter produzieren konnte. Seit 1937 unter Denkmalschutz stehend, wurde das Gebäude 1962 schließlich abgetragen und fünf Jahre später im Volksdorfer Museumsdorf originalgetreu wieder aufgebaut, wo sie bis heute zu besichtigen ist (Abb. 8). Und noch ein anderer, zeitweilig wichtiger Erwerbszweig Hummelsbüttels soll erwähnt werden: der Butterhandel. Er stellte seit dem Ende des 18. Jahrhunderts für einige Kleinbauern einen lukrativen Zusatzverdienst dar. Da die Nachfrage nach Butter groß, die Einfuhr aber relativ gering war, fungierten die sogenannten Butterbauern als Zwischenhändler: Sie kauften Butter bei holsteinischen Produzenten und transportierten sie mit Pferd und Wagen – bei Wind und Wetter – nach Hamburg, um sie dort zu verkaufen. Als gegen Ende des 19. Jahrhunderts immer mehr Meiereien entstanden, war es mit dieser Art des Butterhandels aber bald vorbei.

Hinter der Reetdachkate führt eine schmaler Fußweg an der Susebek entlang bis zum zweiten Stauteich. Über den Hummelsbütteler Weg geht es dann in die Straße Am Karpfenteich, von wo aus wir das ehemalige Wohnhaus des Hamburger Malers Ernst Eitner erreichen.

5 AM KARPFENTEICH / AM GNADENBERG (ERNST EITNER)

Es liegt nahe zu vermuten, der Name „Am Karpfenteich" beziehe sich auf die beiden eben gesehenen Rückhaltebecken. Diese wurden indes erst 1979 angelegt. Die Straßenbezeichnung erinnert an eine frühere Stauung des Flüsschens, die dessen Erosionstal einst auf fast 400 Metern Länge und bis zu fünfzig Metern Breite bedeckte. Im Ersten Weltkrieg wurde der Teich abgelassen; bis dahin konnten jedoch die eigens ausgesetzten Karpfen geangelt werden (Fischbestand gibt es heute wieder in der Susebek, in ihren Staubecken sowie im Hummelsee). Später rückte die neue Wohnbebauung immer näher an das Susebektal heran, sodass die Becken weiter nörd-

9+10 SUSEBEKTAL UND ERNST EITNER MIT MALSCHÜLERINNEN, 1897

lich angelegt werden mussten. Auch wegen des Ausblicks ins Tal, den die Gärten und Terrassen vieler Häuser hier bieten, zählt die Gegend zu den begehrten Wohnlagen in Hummelsbüttel. Ein schöner Eindruck lässt sich gewinnen, wenn wir zwischen den Häusern Nr. 19 und 19 A rechter Hand den schmalen Weg durch das Susebektal nehmen (Abb. 9).

Oben an der Hummelsbüttler Hauptstraße steht ein wuchtiger Kriegergedenkstein aus Findlingen. Maßgeblich beteiligt am Entwurf war der Bildhauer Hermann Perl (1878–1967), zu dessen bekannteren Werken die Keramiken an den Wänden des Alten Elbtunnels zählen. Einige Meter weiter biegen wir links in die Straße Am Gnadenberg ab, in der Ernst Eitner (Abb. 10) mit seiner Ehefrau Antonia (1871–1945) seit 1903 gewohnt hat. Auch das noch erhaltene Haus Nr. 13 und sein Garten sind – neben vielen anderen Ansichten Hummelsbüttels, des Alstertals und Hamburgs überhaupt – ins Werk des Künstlers eingegangen.

Der gebürtige Hamburger Ernst Eitner (1867–1955) hatte in Düsseldorf, Karlsruhe und Antwerpen studiert und gehörte zu der von Hamburgs erstem Kunsthallendirektor Alfred Lichtwark (1852–1914) geförderten Gruppe junger Künstler, aus der später der „Hamburgische Künstlerclub von 1897" entstand (vgl. Exkurs S. 195). Die Maler suchten ihre Motive oft buchstäb-

11 ERNST EITNER, HAMBURGER HAFEN, UM 1912

lich vor der Haustür: in Norddeutschland, in Hamburg, an Elbe und Alster. Besonders Eitner hat sich allen Facetten seiner Heimatstadt gewidmet und dabei auch Hafen- und Industrieansichten (Abb. 11) sowie ab 1912 Motive aus dem Hamburger U-Bahn-Bau gewählt. Vielen Werken Eitners ist eine auffällige Farbigkeit eigen, die manche Zeitgenossen zu scharfen Protesten herausforderte, heute jedoch als auszeichnendes Element der Hamburger Spätimpressionisten gilt. Vom Senat wurde Eitner – dem „Monet des Nordens" – 1917 der Professorentitel verliehen, seit 1942 erhielt er eine „Ehrenrente". Zu seinen Schülern gehörte eine Zeit lang auch der Hamburger Dichter Hans Leip (1893–1983, „Lili Marleen"), der auch bildkünstlerisch tätig war. Eitners Werk ist mehrfach ausgestellt worden – in Hamburger Galerien, aber auch z.B. in Paris und Rom. Viele seiner Bilder sind heute in Museen (u.a. in der Hamburger Kunsthalle) und Privathaushalten vertreten.

Wir gehen weiter zum Gnadenbergsweg und damit zu einer ehemaligen deutsch-dänischen Staatsgrenze.

6 GRENZSTEIN AM BROMBEERWEG

Die Zeit vom 13. bis zum 16. Jahrhundert ist für Hummelsbüttel von einigen Besitzerwechseln geprägt, bis es 1528 im Zuge der Reformation an die Schauenburger Grafen von Holstein und damit unter Pinneberger Verwaltung fällt. Eine einschneidende Veränderung tritt ein, als die männliche Linie der Schauenburger ausstirbt und das Dorf ab 1640 dem dänischen König untersteht. Infolgedessen wurde u.a. die Grenze zu den (hamburgischen) Nachbargemeinden Langenhorn und Fuhlsbüttel zur Staatsgrenze, welche bis 1866, dem ersten Jahr preußischer Herrschaft in Schleswig-Holstein, Bestand hatte. (Zwischen 1838 und 1888 verlief zudem in Hummelsbüttel eine Zollgrenze.) Die Grenzmarkierungen veränderten sich dabei mit der Zeit: von natürlichen Zeichen wie Findlingen, Bäumen oder Bodenfurchen über signierte Holzpfähle bis zu behauenen und mit eingravierten Daten versehenen Steinen, etwa den Buchstaben „HP" für die Herrschaft Pinneberg, einer königlichen Signatur, einer Jahreszahl und einer Nummerierung. Die so beschriftete Seite war anfangs dem Pinneberger Gebiet zugekehrt, während von Hamburg aus die glatte Rückseite der Steine zu sehen war. Erst 1825/26 kamen bei einer umfangreichen Neusetzung zweiseitig beschriftete Steine zum Einsatz – von der Hamburger Seite aus war nun u.a. das Kürzel „H.G." (= Hamburger Gebiet) zu lesen.

Noch heute sind die meisten der denkmalgeschützten Steine, die einst die hamburgisch-dänische Staatsgrenze markierten, zu sehen, wenn auch nicht immer am ursprünglichen Ort. Am oberen Ende des Gnadenbergswegs (früher: Grenzweg), vor dem Haus Nr. 24, steht noch ein Stein (signiert „No 2") aus dem Jahr 1783. Ein weiterer befindet sich an der Ecke zum Brombeerweg („1 A"), einem dritten („No 1") begegnen wir am Teetzparkweg und damit auf unserer Route nach Klein Borstel. Diese drei Steine stehen noch an ihren Originalstandorten.

Entlang einer Einfamilienhauszeile im Heimatschutzstil (Carl Brunke, 1938/39) gehen wir den Gnadenbergsweg links hinunter bis zum Brombeerweg bzw. zur Alten Landstraße. Wenige Meter rechter Hand steht der genannte Zwischengrenzstein „1 A". Er wurde anlässlich einer Grenzkorrektur im Jahr 1862 gesetzt – die Steine der ersten Neusetzung von 1825/26 wurden mit „A", die der zweiten mit „1 A" gekennzeichnet – und weist auf Hamburger Gebiet das Kürzel „St H" (= Stadt Hamburg) auf. Auf dem Eckgrundstück hinter dem Stein stand – Zeichen des Zeitenwandels – ein beliebtes Ausflugslokal: Ernst Abel, der Sohn eines Hummelsbütteler

12 CAFÉ UND RESTAURANT „WELT DER ZUFRIEDENHEIT", UM 1910

Schäfers, hatte hier um 1900 die Gastwirtschaft „Welt der Zufriedenheit"
erbauen lassen – ein Name, der zweifellos auch auf die Schönheit der damaligen Umgebung anspielte (Abb. 12).

Um nach Klein Borstel zu gelangen, überqueren wir die Alte Landstraße, wegen ihrer Breite am sichersten bei einer Ampel.

 **TEETZPARK**

An der Alten Landstraße hatten schon in den 1930er Jahren Grundstücks-
spekulation und Bautätigkeit eingesetzt, als sich der Wohnungsbedarf
Hamburgs auch auf die neuen Stadtteile an der Alster auswirkte. Zwar war
Hummelsbüttel durch seine Abgelegenheit und das Reichserbhofgesetz
vor allzu rascher Veränderung geschützt. Doch die Krise der Landwirtschaft beschleunigte den Verkauf so mancher Grundstücke, deren Alster-

nähe auf ein besonderes Interesse vermögender Hamburger stieß. Noch heute gibt es hier einige Häuser, deren Gärten sich bis ans Flussufer erstrecken, wie früher im Teetzpark, den wir jetzt über den schmalen Teetzparkweg erreichen. Etwa auf halber Strecke steht rechts, etwas versteckt hinter dem Drahtzaun eines Privatgrundstücks, der dritte erwähnte Grenzstein. Er stammt aus einer Setzung des Jahres 1807. Seine Inschrift, die leider nicht mehr vollständig zu erkennen ist, lautet auf der Hummelsbütteler Seite: HP/FR VI/No 1/1807, zu lesen als: Herrschaft Pinneberg/Fridericus Rex VI./Stein Nr. 1/gesetzt 1807 (Abb. 13). Mit der Niederlage des dänischen Königreichs im Krieg gegen Preußen und Österreich fielen die holsteinischen Gebiete – nach kurzem österreichischem Zwischenspiel – an Preußen, womit auch Hummelsbüttel ab 1867 dem preußischen Kreis Stormarn angehörte.

Wir überqueren bei der Brücke zur Linken (Abb. 14) erneut die hier in die Alster mündende Susebek und gehen nach links weiter zum Teetzpark. Dieser bildet mit dem benachbarten Alsterpark den südlichen Ausläufer eines an Steilufern verlaufenden Grünzugs. In einer naturbelassenen Alsterschleife zwischen der Reiterbrücke im Osten und der Kühnbrücke im Westen liegend, war er ursprünglich der Privatgarten einer 1927 erbauten und in den 1960er Jahren abgerissenen Villa und nach einem ihrer Besitzer benannt. Auf 15 Hektar Fläche gibt es alten Baumbestand (vor allem

13+14 GRENZSTEIN NR. 1 AM TEETZPARKWEG UND SUSEBEKZUFLUSS IN DIE ALSTER

15 SONNTAGSRUDERN AUF DER ALSTER, UM 1910

Buchen, Linden und Eichen), zwei Teiche und einen Spazierweg, der im Halbrund am Alsterufer entlangführt. Höchstens Paddler oder Ruderer stören gelegentlich die tiefe Stille des Ortes (Abb. 15) – ein Kontrast zum manchmal recht bevölkerten Alsterwanderweg. Dieser verläuft am südlichen Ufer, das wir über die Kühnbrücke wieder erreichen. Wir folgen dem Wanderweg bis zur Illiesbrücke.

8 GRÜNER WINKEL (ARTHUR ILLIES)

Die kleine Brücke ist nach dem Hamburger Maler und Grafiker Arthur Illies (1870–1952, Abb. 16) benannt, der im benachbarten „Landhaus Illies" (Grüner Winkel 9; teils in Fachwerk ausgeführt, Architekt: J. Oltmanns, 1899) ab dem Sommer 1901 für einige Jahre gemeinsam mit seiner Mutter gelebt hat. Am 12. August 1900 fand im Garten dieses Hauses die Hochzeit mit seiner ehemaligen Malschülerin Minna Schwerdtfeger (geb. 1877) statt. Illies hatte sich zunächst mit seinem Freund und Malerkollegen Ernst Eitner ein Zimmer an der Hummelsbüttler Dorfstraße geteilt, bevor er in den Jahren von der Jahrhundertwende bis 1910 im selbst entworfenen Haus hoch über der Mellingburger Alsterschleife lebte und arbeitete. Der plötzliche Umzug nach Klein Borstel 1901 hatte einen traurigen Anlass: Kurz nach der Geburt des ersten gemeinsamen Kindes war Minna an einer Lungenembolie gestorben, ein Unglück, das Illies zutiefst verstörte und ihm zeitweise jede Arbeit unmöglich machte. Erst 1905, nach der Heirat mit seiner zweiten Frau Georgie Rabeler (1880–1960), kehrte er für längere Zeit in das Mellingstedter Haus zurück.

16 ARTHUR ILLIES (1870–1952)

Nach dem Besuch des Johanneums und einer Lehre als Dekorationsmaler hatte Illies in München studiert, das Studium jedoch abgebrochen und war 1892 nach Hamburg zurückgekehrt. Auch er geriet durch die Bekanntschaft mit Alfred Lichtwark in dessen Schülerkreis, dem sich Ausstellungsmöglichkeiten u.a. in der Hamburger Galerie Commeter an der Hermannstraße eröffneten. Die Arbeiten der jungen Künstler stellten jedoch die Sehgewohnheiten des damaligen Publikums auf eine harte Probe und lösten anfangs einen Skandal bei Presse und Publikum aus. Heftige Verbalattacken auf die Künstler und ihre Werke folgten („Schmieralien", „Spinat mit Ei"), Lichtwark wurde für vermeintliche Fehlentwicklungen verantwortlich gemacht. Zu denen, die sich auf die Seite der Maler stellten, gehörte der Hamburger Kunstsammler Gustav Schiefler (1857–1935), der seit 1906 Besitzer eines Sommerhauses in Mellingstedt und Illies' Nachbar und Freund war (vgl. Radtour, Station 6).

Vor allem die große Grafik-Ausstellung von 1903/04 in der Kunsthalle brachte Illies auch internationale Kontakte. An der Hamburger Kunstgewerbeschule übernahm er 1908 eine Dozentur; 1926 erhielt er den Professorentitel. Sein späteres Schaffen war von historischen und religiösen, in der NS-Zeit teils auch von politisch erwünschten Themen, danach vor allem von Stillleben geprägt. Seit den 1930er Jahren hat Illies in Lüneburg gelebt, wo er 1952 gestorben ist. Sein Werk ist in Hamburg und weit darüber hinaus in Museen vertreten.

Wir gehen den Grünen Winkel hoch zur Wellingsbütteler Landstraße – der alten Ausfallstraße von Ohlsdorf ins Alstertal und lange einzigen Straßenverbindung nach Klein Borstel – und überqueren diese bei der Ampel. (Dem hier auf Wegweisern genannten „Einkaufsdorf" werden wir am Ende der Tour wieder begegnen; vgl. Station 10). Anschließend halten wir uns links, um nach etwa 200 Metern auf der Landstraße rechter Hand durch den mit der Jahreszahl „1937" versehenen Torbogen zu gehen, der in die heute so genannte Frank'sche Siedlung führt.

9 FRANK'SCHE SIEDLUNG

Die fast 550 Reihenhäuser stehen auf einer etwa zwölf Hektar großen, ehemaligen Ackerfläche und waren eines der größten hamburgischen Eigenheimbauprojekte der 1930er Jahre. Der Kornweg teilt die Siedlung in zwei ungleiche Hälften: Auf der einen Seite reichen die Häuser bis zur Albert-Schweitzer-Schule, auf der anderen bis an die Grenze Wellingsbüttels – in diesem Teil befinden wir uns.

Errichtet wurde die zunächst als „Gartenstadt Kornweg – Klein Borstel" bezeichnete Siedlung zwischen 1935 und 1939 von der Baugesellschaft der Architektenbrüder Paul (1878–1951) und Hermann (1871–1941) Frank. Vor allem zwei Gestaltungsaspekte fallen auf: die durchgängige Verwendung von Backstein als Baumaterial und die dank vieler Sichtachsen und Grünzonen aufgelockerte Struktur. Beide Aspekte hängen indes zusammen. Denn zum einen ist in der Wahl des für Norddeutschland so typischen Materials der Einfluss des damaligen Hamburger Oberbaudirektors und Mitbegründers des „Deutschen Werkbundes" Fritz Schumacher (1869–1947) erkennbar. Dessen Ideen zum Reformwohnungsbau prägten auch Paul Frank, wie viele seiner Projekte – etwa die roten Laubenganghäuser der Jarrestadt in Winterhude und in Dulsberg (1929 ff.) – zeigen. Zum anderen folgen die Brüder hier – wie schon bei früheren Projekten dieser Art in Bramfeld und Wandsbek – den Ideen der aus England stammenden Gartenstadtbewegung (initiiert von Ebenezer Howard), die seit dem

Ende des 19. Jahrhunderts auch in Deutschland aufgenommen wurden. Erklärtes Ziel für Klein Borstel war es dabei, preiswerten Wohnraum im Grünen zu schaffen für „diejenigen städtischen Volksgenossen, die sich mit Kleinverdiener bezeichnen", wie es in der von Hermann Frank verfassten Broschüre „Dein Klein-Häuschen – Ein Weg zur Auflockerung der Städte" (3. Aufl., 1937, Abb. 17) hieß. Daher wurden die „Klein-Häuschen" – in der Regel zweigeschossig in einer Breite von 4,30 Metern, zu Reihen gefügt und mit jeweils hundert Quadratmetern großen, rückwärtigen Gärten versehen – möglichst kostengünstig gebaut, zugleich aber auch, ganz

17 DECKBLATT DER BROSCHÜRE „DEIN KLEIN-HÄUSCHEN", 1937

im Sinne der nationalsozialistischen Mehrkindpolitik, mit Blick auf Familienzuwachs so konzipiert, dass eine Erweiterung der Wohnfläche (etwa durch Dachgeschossausbau) von 57 auf rund hundert Quadratmeter möglich war. Die Flexibilität der Bauten, ihre attraktive Lage und nicht zuletzt die ursprünglich vorgesehene Monatsmiete von nur vierzig Reichsmark sorgten für rege Nachfrage. Allerdings gab es bei Bekanntwerden der Planungen auch Bedenken und Proteste bei den „Alteingesessenen" Klein Borstels, die durch Anzahl und soziale Zusammensetzung der Siedler negative Folgen für ihr Dorf fürchteten. Einige Informationsarbeit der Behörden konnte die Befürchtungen zerstreuen. Heute sind die meisten Siedlungshäuser, für die bis in die 1970er Jahre ein vererbbares Dauerwohnrechtsverhältnis galt, im Besitz ihrer Bewohner. An die Stelle früherer Erhaltungsvorschriften ist seit April 2011 der Denkmalschutzstatus für die Siedlung als Ensemble getreten, der auch für das Innere der Häuser gilt und Umbauten nur in Grenzen erlaubt.

Der Platz „Am Stein" kann als Beispiel der von den Architekten geplanten Freiraumgestaltung gelten. Innerhalb eines Netzes von Wohnstraßen und Zugangswegen bildet die Anlage einen Anlaufpunkt und öffentlichen

18 PLATZ AM STEIN, 1955

Ruheraum, der von den umgebenden Häusern, aber auch von Pergolen, einem künstlerisch gestalteten Brunnen (Ludolf Albrecht, 1939) und Durchgängen gerahmt wird. Anders als östlich des Kornwegs fallen hier einige Hausreihen kürzer aus und stehen im rechten Winkel zur Straße – was zum Bild einer gewachsenen, für Licht und Luft offenen „Gartenstadt, der Großstadt entrückt" (Broschüre) beiträgt (Abb. 18).

In der nördlichen Verlängerung des Platzes liegt die Straße Stübeheide. Dort lohnt noch ein Blick auf die evangelisch-lutherische Kirche Maria Magdalenen. Bei dem trutzigen Backsteinbau im Stil mittelalterlicher Wehrkirchen handelt es sich wiederum um ein Werk der Architekten Hopp und Jäger (vgl. Station 3 und Tour 4, Station 4). Die im Dezember 1938 eingeweihte Kirche kann denn auch ihre Verwandtschaft mit der ein Jahr älteren Wellingsbütteler Lutherkirche schon äußerlich nicht verleugnen. Und auch im Inneren gibt es Ähnlichkeiten, sind doch beide Gebäude unter weitgehendem Verzicht auf Eisen und Stahl errichtet worden – eine Maßnahme, die sich wohl weniger dem Rückgriff auf bauliche Traditionen als vielmehr einer mit den Kriegsvorbereitungen verbundenen Materialknappheit verdankt.

Die Klein Borsteler Gemeinde wurde erst 1947 selbständig, nachdem man traditionell zum Kirchspiel Eppendorf, ab 1922 zur St. Lukas-Kirche in Fuhlsbüttel eingepfarrt war. Die Kirche Maria Magdalenen besitzt eine schöne, teils barockisierte Innenausstattung und eine sehr gute Akustik und ist nach vorheriger Anmeldung zu besichtigen. Eine – ebenfalls ihrer Entstehungszeit geschuldete – Besonderheit sind zwei unterhalb des Turms angelegte Luftschutzräume.

Die Kreuzung Stübeheide / Tornberg liegt mitten im „Einkaufsdorf", dem Geschäftszentrum Klein Borstels, das von sich selbst auch als einem „Dorf in der Stadt" spricht. Von hier aus gelangen wir auf kurzem Weg zum S-Bahnhof, dem Endpunkt der Tour.

10 KLEIN BORSTEL, S-BAHNHOF KORNWEG

Noch zu Beginn des 19. Jahrhunderts lag der Mittelpunkt Klein Borstels am östlichen Ende der heutigen Wellingsbütteler Landstraße: ein annähernd dreieckiger, zum Alsterlauf hin orientierter Dorfplatz. Auf den am Beginn dieser Tour erwähnten Straßenausbau, die Aufsiedlung und die Friedhofserweiterung folgten der Bau der großen Kriegsbeschädigtensiedlung am Tornberg und weiterer Straßen (ab 1925) sowie der Frank'schen Siedlung. Beides machte bald neue schulische und Versorgungseinrichtungen nötig. So entstand das heutige Zentrum: kompakt, übersichtlich und mit der Bahnverbindung bestens erschlossen. Warum die Haltestelle den Namen „Kornweg" trägt, erschließt sich indes nicht unmittelbar, da ihr einziger Ausgang auf den Tornberg führt. Womöglich geht der Name auf nicht realisierte anderweitige Planungen zurück (Abb. 19).

Bis heute ist die kleine Geschäftswelt bei den knapp 4000 Klein Borstelern wegen des nachbarschaftlichen Miteinanders beliebt: Man „kennt

19 TORNBERG, BAHNHOF

sich" im Dorf, ist in der Regel Stammkunde in „seinem" Geschäft, man trifft sich, tauscht sich aus und kann schnell das Gefühl bekommen, die Großstadt sei noch immer sehr weit entfernt. Freilich haben es auch in Klein Borstel inhabergeführte Geschäfte schwer, und so mancher Laden wurde schon schmerzlich vermisst. Doch andere sind nachgekommen, und auch der Sog großer Einkaufszentren wie etwa des „AEZ" in Poppenbüttel (vgl. Tour 5, Station 2) wirkt sich nicht zu gravierend aus. Nicht zuletzt stärken diverse Veranstaltungen bis hin zum Flohmarkt im Dorfzentrum das Miteinander. Dabei gehört ein ausgeprägter, bisweilen kämpferischer Gemeinschaftsgeist ohnehin zu Klein Borstel, das sich selbst einmal den pfiffig-widerständlerischen Slogan „Klein, aber borstelig" gab und sogar bundesweite Aufmerksamkeit erreichte. Und das kam so: Als im Zuge der Postreformen der 1990er Jahre die damalige Deutsche Bundespost privatisiert wurde, ging dies allein in Hamburg mit der Schließung von mehr als vierzig Filialen einher, darunter auch derjenigen in Klein Borstel (Postamt 632), die sich seit 1955 im Eckhaus Stübeheide 157 gegenüber der heutigen Sparkassen-Filiale, befunden hatte. Nachdem jedoch die Klein Borsteler Bevölkerung jahrzehntelang für Einrichtung, Ausbau und Erhalt ihrer Postversorgung gestritten hatte – noch bis Ende des 19. Jahrhunderts wurde die Post von Hamburg aus durch konzessionierte Fuhrunternehmer gebracht –, wollte man auch diesmal nicht kampflos beigeben. Und so wurden zunächst Unterschriften gesammelt, dann ein Antrag beim Hamburger Verwaltungsgericht auf

20 DEMONSTRATION FÜR DEN ERHALT DER POSTFILIALE IN KLEIN BORSTEL

einstweilige Anordnung gestellt und schließlich – das Postamt besetzt. In einem so noch nicht verwirklichten Akt der Selbsthilfe betrieben Bürger schließlich die Postversorgung selbst, in einem improvisierten Zelt auf dem Trottoir und bei winterlichen Temperaturen im November 1993. Der spektakuläre Protest machte Schlagzeilen und zeigte Wirkung: Ende September 1994 erhielt Klein Borstel die bundesweit erste städtische Postagentur. Sie existiert bis heute und befindet sich jetzt am Tornberg (Abb. 20).

Wie in ganz Hamburg und überall im Alstertal steigt heute auch Klein Borstels Einwohnerzahl. Die in der Einleitung erwähnte neue Siedlung ist teilweise auf früherem Gärtnereigelände des Ohlsdorfer Friedhofs entstanden, und auch hier regte sich anfangs Protest: gegen eine Friedhofsverkleinerung und befürchtete Verkehrsbelästigungen. Das Projekt wurde letztlich in reduzierter Form realisiert. Seine Initiatoren verfolgen das Ziel eines klimaschonenden und daher weitestgehend autofreien Wohnens in der Stadt bzw. auf dem „Dorf in der Stadt".

BARS / KNEIPEN / NACHTLEBEN

LaRhumBar
Poppenbütteler Weg 88
→ *Gastronomie in der „Tanzschule Ring 3"*

CAFÉS / RESTAURANTS

Borsteler Treff
Tornberg 35 A
www.borsteler-treff.de
→ *urige Stadtteilkneipe mitten im „Dorf"*

Café Neumann
Brillkamp 8–10
www.condi-hotel.de
→ *klassisches Café mit Terrasse neben dem Condi Hotel*

Hummel
Poppenbütteler Weg 15–21
www.hummel-bistro-cafe.de
→ *Café-Restaurant mit Party- und Lieferservice*

Khan Mongolei
Hummelsbütteler Markt 2
www.khan-mongolei.de
→ *großes Asia-Restaurant mit Buffet und Sommerterrasse*

La Differenza
Rehagen 29
www.ladifferenza.de
→ *italienisches Lokal auf dem Reiterhof, daher meist Pferdebeobachtung inklusive*

Zur Schlachteplatte
Lademannbogen 1
→ *Hausmannskost in großen Portionen und rustikalem Ambiente*

LÄDEN

Blumen Fellmann
Tornberg 32
→ *kleiner, freundlicher Blumenladen am S-Bahnhof Kornweg (Klein Borstel)*

Frenzel Hummelsbütteler Katenrauch GmbH
Lademannbogen 20
www.frenzel-katenrauch.de
→ *ausgezeichnete Metzgereiwaren, im Laden oder auf dem Wochenmarkt*

Hamburger Hofladen
Tornberg 37
www.hamburger-hofladen.de
→ *die zentrale Einkaufsmöglichkeit in Klein Borstel*

Meisterwerkstatt Mattern & Secondo Notenfachgeschäft
Tornberg 39
www.mattern-hamburg.de
→ *Kompetenz in Sachen Noten und Holzblasinstrumente*

**Tolle Geschichten –
Bücher in Klein Borstel**
Tornberg 32
www.buecherinkleinborstel.de
→ *kleine, inhabergeführte Buchhandlung
im „Einkaufsdorf"*

HOTELS

Condi Hotel
Brillkamp 8–10
www.condi-hotel.de
→ *kleines Privathotel am Hummelsbüttler
Dorfplatz, mit angeschlossenem Café*

Hotel Hadenfeldt
Friedhofsweg 15
www.hotel-hadenfeldt.de
→ *kleines, einfaches Hotel nahe dem
Ohlsdorfer Friedhof*

Wine, Coffee & More
Barkhausenweg 6
www.winecoffeemore.de
→ *Hotel mit integriertem Restaurant und
Weinhandel*

FREIZEIT / SPORT

**Aspria Hamburg
Alstertal**
Rehagen 20
www.aspria.com/de/clubs/aspria-
hamburg-alstertal
→ *Gesundheit und Wellness am Rande
der Feldmark*

**Hamburger Sport und Naturismus
e.V. (HSN)**
Wüsthofweg 28
www.hsn-ev.de
→ *vereinseigenes, sichtgeschütztes
Freizeitgelände am Rande der Feldmark*

Pferdezentrum am Rehagen
Rehagen 29
www.pferdezentrum-rehagen.de
→ *große Reitanlage mit schönen
Ausreitmöglichkeiten im Umland*

Tanzschule Ring3
Poppenbütteler Weg 88
www.ring3.de
→ *diverse Kurse für Kinder, Jugendliche und
Erwachsene*

SOZIALES / NON-PROFIT

**Bürgerverein Fuhls-
büttel – Hummelsbüttel
– Klein Borstel – Ohlsdorf
von 1897 e. V.**
www.buergerverein-fuhlsbuettel.de
→ *engagierter Verein mit eigener
„Heimatzeitung"*

Heimatverein Klein Borstel e.V.
Friedhofsweg 33
www.heimatverein-kleinborstel.de
→ *seit 1950 bestehender Bürgerverein mit
eigener Zeitschrift*

LEUTE AUS ALSTERDORF UND DEM ALSTERTAL

ANTJE (* 1976 im Nordpolarmeer, † 2003 in Hamburg) war ein weibliches Walross und verbrachte den größten Teil ihres Lebens in Hagenbecks Tierpark. Seit 1978 trat Antje als Pausenfüller im NDR-Fernsehen auf, zwischen 1984 und 2001 gehörte ihr stilisiertes Konterfei zum NDR-Logo. Seit 1991 steht sie als Bronze-Statue vor dem Alstertal-Einkaufszentrum.

FELIX ASCHER (* 1883 in Hamburg, † 1952 in London) war ein Architekt, dessen Arbeit vom Neuen Bauen und vom Expressionismus beeinflusst war. Sein berühmtestes Werk ist der noch erhaltene Uhrenturm des Erweiterungsbaus für die Singer-Nähmaschinenfabrik in Wittenberge 1928/29. 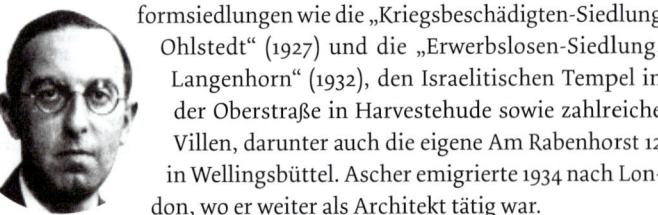 Bis zu seinem Berufsverbot durch die Nazis 1934 entwarf er Reformsiedlungen wie die „Kriegsbeschädigten-Siedlung Ohlstedt" (1927) und die „Erwerbslosen-Siedlung, Langenhorn" (1932), den Israelitischen Tempel in der Oberstraße in Harvestehude sowie zahlreiche Villen, darunter auch die eigene Am Rabenhorst 12 in Wellingsbüttel. Ascher emigrierte 1934 nach London, wo er weiter als Architekt tätig war.

EDGAR BESSEN (* 1933 in Hamburg, † 2012 ebenda) gehörte von 1960 bis 1979 zum Ensemble des Ohnsorg-Theaters und hatte in den Folgejahren Engagements an vielen Hamburger Bühnen. Bessen trat zudem in Fernsehfilmen und -serien auf und arbeitete für den Hörfunk. Über drei Jahrzehnte lebte er mit seiner Frau in der Straße Grotenbleken in Poppenbüttel, wo er mehrfach bei der dortigen niederdeutschen Henneberg-Bühne Regie führte. Im Jahr 2003 verlieh ihm die Stadt Hamburg die Biermann-Ratjen-Medaille. Bessen liegt auf dem Ohlsdorfer Friedhof begraben.

WALTHER BLOHM (*1887 in Hamburg, † 1963 ebenda) war der jüngere Sohn des Blohm + Voss-Gründers Hermann Blohm und leitete die Schiffswerft nach dem Ausscheiden des Vaters am Ende des Ersten Weltkrieges zusammen mit seinem Bruder Rudolf. Nach schwierigen Jahren während der Weltwirtschaftskrise begrüßten die Brüder die Machtergreifung der Nationalsozialisten, durch deren Aufrüstungspolitik öffentliche Mittel in den Schiffbau flossen und zahlreiche Aufträge an die Werft erteilt wurden, besonders für den Bau von U-Booten. Den Einsatz von jüdischen Zwangsarbeitern ab 1944 nahmen die Schiffsbauer billigend in Kauf, wurden im Entnazifizierungsverfahren als Nutznießer des NS-Regimes jedoch als unbelastet eingestuft. 1958 schied Walther aus dem Aufsichtsrat der nach der abgeschlossenen Demontage 1951 in eine Aktiengesellschaft umgewandelten Firma aus. Er wohnte in der Alsterdorfer Bebelallee 141.

HEINZ ERHARDT (* 1909 in Riga, † 1979 in Hamburg-Wellingsbüttel) wollte ursprünglich Pianist werden. Schon bei frühen Auftritten trug er zu eigenen Kompositionen wortwitzige Gedichte vor, die zu seinem Markenzeichen wurden („Noch'n Gedicht"). Auf eine Tätigkeit als Radiomoderator (seit 1945 u.a. beim Nordwestdeutschen Rundfunk in Hamburg) folgte eine Karriere als Schauspieler und Unterhaltungskünstler. Erhardt wurde damit zum in Deutschland wohl beliebtesten Komiker der Nachkriegszeit und beeinflusste zahlreiche Nachfolger. Seine letzte Ruhestätte befindet sich auf dem Ohlsdorfer Friedhof.

LILI FISCHER (* 1947 Travemünde) ist Zeichnerin, Fotografin, Performancekünstlerin und emeritierte Professorin. Sie führte die Verfahren der Feldforschung und Animation in den Bereich der bildenden Kunst ein und nahm 1987 an der Documenta 8 in Kassel teil. 1989 wurde sie mit dem Deutschen Kritikerpreis im Bereich bildende Kunst ausgezeichnet. Sie lebt in Fuhlsbüttel.

LUDWIG FRAHM (* 1856 in Timmerhorn, † 1936 in Poppenbüttel) war von Beruf Lehrer bzw. Schulmeister (seit 1890 in Poppenbüttel), Verfasser von niederdeutscher Lyrik und Prosa, außerdem ein passionierter Heimatforscher. Als solcher war er 1900 maßgeblich an der Gründung des Alstervereins beteiligt, für dessen Jahrbuch er als Herausgeber zahlreiche Texte zur Regionalgeschichte schrieb. Frahm leitete 1898 die Freilegung eines vorgeschichtlichen Bohlenweges im heutigen Naturschutzgebiet Wittmoor in Lemsahl-Mellingstedt. In Poppenbüttel sind die Straße Frahmredder und eine Schule nach ihm benannt.

DIETER GARTMANN leitet in sechster Generation das Familienunternehmen C.H.L. Gartmann, das vor über hundert Jahren die beliebten „Gartmann Tannenbaum Chokoladenkränze" erfand. Nach Aufgabe der Produktionsstätten in der Kirchstraße in Altona und in der Wendenstraße in Hammerbrook befindet sich der Sitz des Unternehmens heute in einer Villa in der Brabandstraße in Alsterdorf. Die Gartmann-Kringel werden ausschließlich in Hamburg, Bremen, Schleswig-Holstein und Lüneburg vertrieben.

JULIUS GILCHER (* 1875 in St. Julian, † 1955 in Hamburg) stammte aus dem Kurpfälzischen, wanderte als junger Mann nach Afrika aus, schlug sich nach der Rückkehr in verschiedensten Jobs durch und blieb beim Versuch einer erneuten Auswanderung in Hamburg hängen, wo er zunächst bei der Deutschen Seewarte, später bei der Hamburger Wetterdienststelle ar-

beitete. Gilcher war der Gründer des Saseler Eigenheim-Siedlungs-Spar-
vereins, der 1920 das Land des früheren Saselhofs in Parzellen aufteilte
und mit großem Erfolg um Siedler warb. Zu Gilchers Ehren wurde 1957
der Heideweg in Gilcherweg umbenannt.

JOHN JAHR (*1900 in Hamburg, † 1991 in Hamburg) war ein bedeutender
deutscher Verleger. 1965 gründete er zusammen mit Gerd Bucerius und Richard Gruner das Verlagshaus Gruner + Jahr, aus dessen aktivem Geschäft
er sich 1971 zurückzog, um bis 1987 Fachzeitschriften im John Jahr Verlag
herauszugeben. Nach dem Zweiten Weltkrieg baute er die „Jahr-Villa" an
der Alsterkrugchaussee 286, die nach seinem Tod noch bis 2008 von der
Familie genutzt wurde. 2014 wurde die Reetdachvilla auf dem 4000 Quadratmeter großen Grundstück abgerissen und an ihrer Stelle ein Gebäude-
komplex mit sechzig Wohnungen errichtet. John Jahr ist im Familiengrab
der Jahrs auf dem Ohlsdorfer Friedhof begraben.

Das katholische thüringische Adelsgeschlecht derer VON KURTZROCK war
über 130 Jahre mit dem Gut Wellingsbüttel verbunden, das 1673 zunächst
für 7000 Reichstaler von Theobald von Kurtzrock († 1682) erworben
wurde. Nach dem Tod seines Erben Maximilian († 1735) übernahm dessen Sohn Theobald Joseph (1702–1770), Oberpostmeister in Hamburg,
das Gut. Er ließ um 1750 ein Herrenhaus errichten, das
sieben Jahre später um das Torhaus ergänzt wurde.
Nach 1770 führte Theobald Josephs Witwe Bernhar-
dina († 1803) das Gut mehr als drei Jahrzehnte lang,
bis ihr Sohn Clemens August (Bild) es 1807 nach
Streitigkeiten um dessen Reichsunmittelbarkeit für
80 000 Reichstaler an den dänischen König verkaufte.

HANNELORE LAY (*1949) gründete 2004 mit ihrem Mann Wolfgang die „Stiftung Kinderjahre". Die Projekte der Stiftung fördern sozial und emotio-
nal benachteiligte Kinder auf ihrem Weg in ein selbstbestimmtes Leben,

begleiten ihren Schulalltag und bereiten die Berufswahl der Kinder vor. Zudem organisiert die Stiftung Sachspenden von Winterstiefeln bis zum Schulranzen und unterbreitet Bildungsangebote. Wolfgang Lay ist der Gründer eines Unternehmens für Elektrotechnik, das seinen Firmensitz seit dreißig Jahren in Alsterdorf hat.

EDUARD LIPPERT (*1844 in Hamburg, † 1925 ebenda) war seit 1884 im Gold- und Diamantenhandel in Südafrika tätig, wo er lange das Monopol für die Herstellung von Dynamit besaß. 1896 erwarb er das Gut Hohenbuchen und richtete im Turm des Herrenhauses eine private Sternwarte ein. Wirtschaftlich konzentrierte sich Lippert auf die Verbesserung der Verfahren für eine hygienische Milchproduktion und betrieb zudem eine Fischzucht an den Poppenbütteler Kupferteichen. Lippert war sozialfürsorglich engagiert und initiierte u.a. den Bau der damals vorbildlichen Arbeiterwohnhäuser an der Straße Kupferhammer. Ein 1916 von der Sternwarte in Hamburg-Bergedorf entdeckter Asteroid wurde zu Ehren Lipperts „Lipperta" genannt.

CORNY LITTMANN (*1952 Münster) ist Entertainer, Theaterchef (Schmidt Theater) und ehemaliger Präsident des FC St. Pauli. Bei der Bundestagswahl 1980 trat er als Spitzenkandidat der Grünen (GAL) in Hamburg an, erhielt jedoch kein Mandat, weil die Grünen nicht in den Bundestag einzogen. Am 19. September 2010 erhielt Corny Littmann den Max-Brauer-Preis der Alfred Toepfer Stiftung für Verdienste um das kulturelle, wissenschaftliche und geistige Leben Hamburgs. Er lebt mit seinem Partner in Fuhlsbüttel.

LEBERECHT MIGGE (*1881 in Danzig, † 1935 in Worpswede) war einer der bekanntesten Gartenbauer seiner Zeit. Als Reformer wandte er sich in der Zeit der Entwicklung von Ein- und Mehrfamilienhaus-Siedlungen der

„Funktionalität des Außenraums" zu. Migge entwarf den „Garten der Hunderttausend", den kleinsten Arbeiter- und Gartenstadtgarten, der, als Absage an die Ziele der feudal-aristokratischen Gartenkunst, auf der Grundlage der veränderten sozialen Gefüge konzipiert wurde. Er lebte zeitweise in Fuhlsbüttel und arbeitete eng mit Fritz Schumacher zusammen.

CHRISTIAN QUADFLIEG (* 1945 in Växsjö, Schweden) lebt in Sasel. Er war zunächst Theaterschauspieler u.a. in Oberhausen, Berlin, Hamburg, München, Wien und Zürich. Später übernahm er diverse Fernsehrollen – z.B. in der „Tatort"-Folge „Reifezeugnis" (1977) mit Nastassja Kinski – und wurde ab 1986 als Hauptdarsteller in 41 Folgen der ZDF-Serie „Der Landarzt" bekannt. Seit einigen Jahren hat sich Quadflieg mit dem Vortrag von literarischen Texten einen Namen gemacht. Der zusammen mit seinem Vater Will Quadflieg (1914–2003) eingelesene Briefwechsel zwischen Thomas und Klaus Mann bekam den Preis der Deutschen Schallplattenkritik.

ACHIM REICHEL (* 1944 in Wentorf) hat als Sänger, Gitarrist und späterer Produzent seit 1960 mit Musik zu tun. Mit den „Rattles" spielte er einmal im Vorprogramm der Rolling Stones, war zeitweilig Pächter des Hamburger Star Clubs, hat klassische deutsche Lyrik vertont, Shanties u.a. mit (platt-)deutschen Texten gesungen und auch als Schauspieler reüssiert. Reichel ist in kleinen Verhältnissen auf St. Pauli aufgewachsen und hat dort eine Kellnerlehre absolviert. Heute lebt und arbeitet er im grünen Teil Hummelsbüttels.

GUSTAV SCHIEFLER (* 1857 in Hildesheim, † 1935 in Mellingstedt) war ein bedeutender Wegbereiter des Expressionismus in Deutschland und ein bedeutender Hamburger Kunstförderer. Seit 1888 arbeitete er als Richter in Hamburg und lernte hier den Direktor der Hamburger Kunsthalle, Alfred Lichtwark, kennen. Beide setzten sich intensiv für die Förderung der Hamburger Künstler ein. Nachdem sich Schieflers Interesse auf die expressive, zeitgenössische Kunst verlagerte und er 1905 das Werkverzeichnis neuer Hamburger Künstler verfasst hatte, entfremdeten sich die Weggefährten voneinander. Schiefler trat in engen Kontakt zu den Mitgliedern der Künstlervereinigung „Die Brücke" und erstellte zahlreiche Werkverzeichnisse für die Grafik von Ernst Ludwig Kirchner, Emil Nolde und Max Liebermann, aber auch für entsprechende Arbeiten Vincent van Goghs und Edvard Munchs. Seit 1912 verbrachte die Familie Schiefler die Sommer in ihrem Landhaus am Treudelberg 43 in Mellingstedt, das ab 1920 zum Alterssitz des Kunstförderers wurde. Das Grab Gustav Schieflers befindet sich auf dem Bergstedter Friedhof.

MAX ADOLPH OTTO SIEGFRIED SCHMELING (*1905 in Klein Luckow, † 2005 in Wenzendorf) war eine deutsche Box-Legende. 1946 baute er ein Haus im Maienweg 2, neben der „Jahr-Villa". Wegen Missachtung von Baubestimmungen wurde er zu 10 000 Mark Strafe und drei Monaten Haft verurteilt. Die Strafe saß er in Santa Fu ab und lebte bis 1949 in Alsterdorf. Danach erwarb der „Spiegel"-Verleger Rudolf Augstein (1923–2002) das Haus und nach ihm der Intendant der Hamburger Staatsoper August Everding. Auch der Schlagersänger „Freddy" Quinn (*1931) hat dort kurze Zeit gelebt. Das Grundstück wurde später mit dem Jahr'schen vereinigt, das Haus abgerissen.

Pastor HEINRICH MATTHIAS SENGELMANN wurde am 25. Mai 1821 in Hamburg geboren und studierte ab 1840 in Leipzig und Halle Theologie, Orientalistik und Anthropologie. 1846 trat er seine erste Pfarrstelle in Hamburg-Moorfleet an, wo er sich bereits mit einer „Christlichen Arbeitsschule", dem St. Nicolaistift, für sozial benachteiligte Kinder einsetzte. Ab 1852 wurde Sengelmann Pastor an der St. Michaeliskirche (Michel). 1860 übersiedelte er nach Alsterdorf und zog 1863 mit vier geistig behinderten Jugendlichen in das neu errichtete Haus Schönbrunn. 1867 gab er sein

Pastorat an St. Michaelis auf, um sich ausschließlich dem Aufbau der „Alsterdorfer Anstalten" widmen zu können. Als er am 3. Februar 1899 starb, waren rund 600 Menschen in den Anstalten untergebracht, die von 140 Angestellten betreut wurden.

HENNING VOSCHERAU (*1941 in Hamburg, † 2016 ebenda) war von 1988 bis 1997 Hamburgs Erster Bürgermeister. Er wuchs in Wellingsbüttel auf und besuchte das Gymnasium Oberalster in Sasel. Nach einem juristischen und volkswirtschaftlichen Studium wurde Voscherau 1969 promoviert und war fortan als Notar tätig. Seit 1966 SPD-Mitglied, war er ab 1982 Fraktionsvorsitzender der Partei und gehörte zudem fast vier Jahrzehnte dem Vorstand der Wellingsbütteler SPD an. In seine Amtszeit als Bürgermeister fielen u.a. die Konflikte um die besetzten Häuser in der St. Pauli Hafenstraße und der Beschluss zum Bau der Hafencity, als deren „geistiger Vater" Voscherau gilt.

HEIN TEN HOFF (*1919 in Süddorf, Edewecht, † 2003 in Hamburg) wuchs als Kind holländischer Einwanderer im Oldenburgischen auf und ließ sich 1945 in Hamburg nieder, wo er eine Laufbahn als Profiboxer einschlug. Bis zu seinem Karriere-Ende 1955 war er u.a. Europameister und mehrfacher Deutscher Meister im Schwergewicht. Als Trainingsstätte nutzte der fast zwei Meter große ten Hoff zeitweilig den Tanzsaal des Ausflugslokals „Saselbeck" – heute ein chinesisches Restaurant –, das er 1950 von seinem Schwiegervater (und Manager) übernahm. Enge Freundschaft verband ihn mit dem Boxer Max Schmeling. Ten Hoffs Grab befindet sich auf dem Friedhof Hamburg-Bergstedt.

WELLINGSBÜTTEL

4

S-Bahnhof Wellingsbüttel ∗ Kuhteich ∗ Herrenhaus und Torhaus ∗ Lutherkirche ∗ Hoheneichen ∗ Schule Strenge ∗ Grenzland Wellingsbüttel / Bramfeld / Sasel ∗ Waldingstraße ∗ Grüner Jäger ∗ Arche / Heinz-Erhardt-Park ∗ Rabenhorst

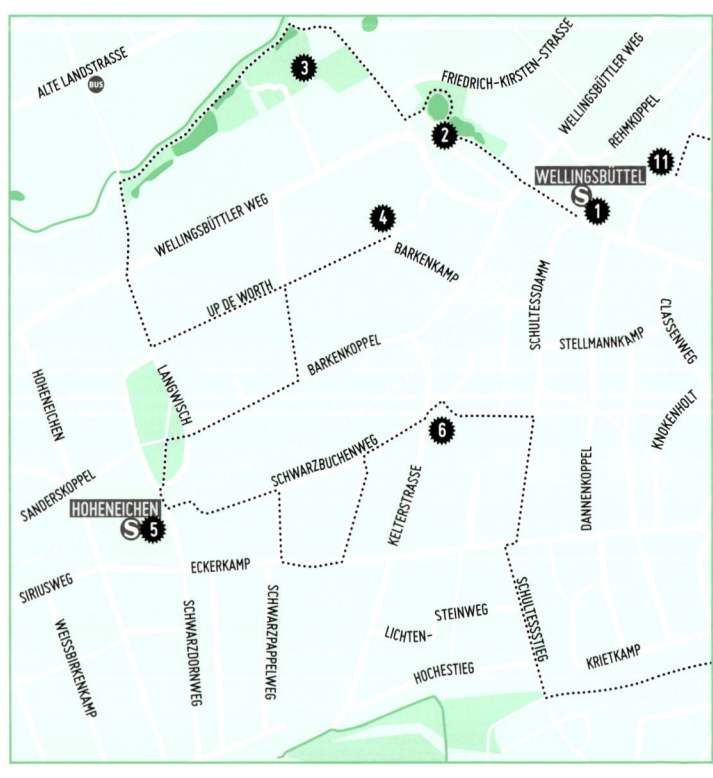

STARTPUNKT: S-Bahnhof Wellingsbüttel (S 1 / S 11, Buslinien 27, 168, 368)
ENDPUNKT: S-Bahnhof Wellingsbüttel
DAUER: zwischen 1,5 und 3 Stunden (Der Weg kann ab der Station „Schule Strenge" um etwa die Hälfte verkürzt werden: Die Route führt dann nach links über den Schulteßdamm zurück zum S-Bahnhof.)

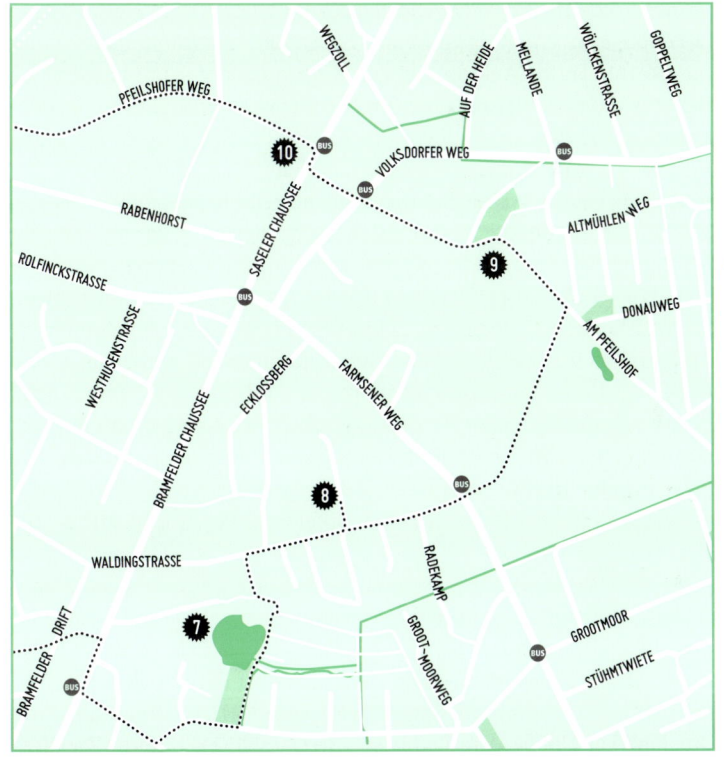

Wellingsbüttel zählt mit etwa vier Quadratkilometern Fläche und knapp 10 000 Einwohnern zu den kleineren Orten des Alstertals, besitzt dafür aber gleich zwei Bahnhöfe: die Station Wellingsbüttel und den Halt Hoheneichen, schon in der Nähe des Ohlsdorfer Friedhofs. Während die Bahnstrecke den Stadtteil ungefähr in der Mitte teilt, bildet der Friedhof seine südliche Grenze. Im Uhrzeigersinn ist Wellingsbüttel von Hummelsbüttel, Poppenbüttel, Sasel und Bramfeld umgeben. Der Zeitpunkt einer eigentlichen Dorfgründung ist ebenso ungewiss wie die Identität des vermutlich namengebenden Grundstücks- oder Hofbesitzers. Er könnte etwa „Walding" geheißen haben und sein Name später in der veränderten Form „Welling" ein erstes Anwesen bezeichnet haben: Der Name „Wellingsbutle" besagte somit so viel wie Wellings Gebäude oder Anwesen. Die erste urkundliche Erwähnung des Ortes datiert jedenfalls auf das Jahr 1296. Eine Besonderheit innerhalb des Alstertalraums ist die schon früh belegte Wellingsbütteler Gutsherrenschaft. So bildeten im 14. Jahrhundert ein Gutshof und drei Gehöfte das Kerndorf, das im Laufe der Zeit immer wieder in anderen Besitz kam: 1412 etwa gehörte es den Bremer Erzbischöfen, 1648 fiel es im Zuge der vertraglichen Vereinbarungen des Westfälischen Friedens an Schweden, bis das Gut (und damit auch das Dorf) ab 1673 an die aus Thüringen stammende Familie von Kurtzrock ging. Deren Mitglieder waren im 18. Jahrhundert die Erbauer des noch heute existierenden Herrensitzes samt Torhaus (vgl. Station 1). Ab 1807 unterstand Wellingsbüttel – mit nunmehr fünf großen Höfen – als holsteinisches Dorf dem dänischen König, geriet 1867 als Teil des neugebildeten Landkreises Stormarn unter preußische Verwaltung und gehört seit 1937/38 zu Hamburg.

Auch in Wellingsbüttel ging am Ende des 19. Jahrhunderts die „Entdeckung" des Alstertals als Erholungsraum mit einem Niedergang der Landwirtschaft einher, sodass in der Folge viele Grundstücke parzelliert und zur Bebauung angeboten wurden – die Großstadt rückte näher. Maßgeblich für die Entwicklung Wellingsbüttels wurde der Hamburger Kaufmann Otto Jonathan Hübbe, dem das historische Gut seit 1892 gehörte. Vor allem

durch die Zunahme der Bevölkerung – und kaum durch Kriegsschäden, die sich hier wie im gesamten Alstertal in Grenzen hielten – ist die alte, bäuerlich geprägte Dorfstruktur sukzessive verschwunden bzw. im Kern verstädtert, während ringsum großräumig Wohnquartiere entstanden. Heute ist Wellingsbüttel ein beliebter und gepflegter Hamburger Wohnstadtteil im Grünen mit hohem Ein- und Zweifamilienhausbestand, der zu den einkommensstärksten der Hansestadt zählt. Noch 1996 nannte das „Hamburger Abendblatt" Wellingsbüttel einen „Villenort" – eine damals wie heute jedoch nicht ganz treffende Bezeichnung. Denn auch wenn sich hier teils sehr repräsentative Privathäuser finden – wie etwa nördlich des Bahnhofs Hoheneichen, am Wellingsbüttler Weg, am Rabenhorst etc. –, ist Wellingsbüttel in seinen Wohnformen ein heterogener und durchaus nicht „abgehobener" Stadtteil, der verkehrlich zudem gut an die Großstadt angebunden ist.

1 S-BAHNHOF WELLINGSBÜTTEL

Beim Bahnhof halten wir uns rechts und befinden uns gleich in dem kleinen Ortskern, wo heute rund um den neuen Marktplatz etwa vierzig Einzelhandelsgeschäfte wieder ein recht breites Angebotsspektrum abdecken. Nachdem vor allem durch den Sog des Alstertal-Einkaufszentrums (vgl. Tour 5, Station 2) im Laufe der Jahre traditionsreiche Läden aufgeben mussten und das Viertel schon zu veröden drohte, hat sich inzwischen doch wieder ein Zentrum der kurzen Wege etabliert. Dazu beigetragen hat neben einer umfassenden stadtplanerischen Neuausrichtung des Ortskerns Mitte der 1990er Jahre auch die (Neu-)Ansiedlung eines Supermarkts an der Ecke zum Wellingsbüttler Weg. Der 2008 fertiggestellte Bau (Nägeli Architekten, Berlin) soll mit seiner fächerförmigen Biegung zur Straßenseite und den vier aufgesetzten Hauben an die Tradition norddeutscher Bauernhäuser erinnern (Abb. 1). Außer dem Supermarkt gibt es im Haus ein Ärztezentrum, wogegen weitere Einzelhandelsgeschäfte und auch der in der Planungsphase oft geäußerte Wunsch nach einem Café nicht realisiert wurden. Allerdings findet hier, am alten Dorfmittelpunkt, wieder zweimal wöchentlich ein Markt statt.

2+3 ALTE SCHULE AN DER ROLFINCKSTRASSE UND ROLFINCKSTRASSE MIT SCHULE, UM 1900

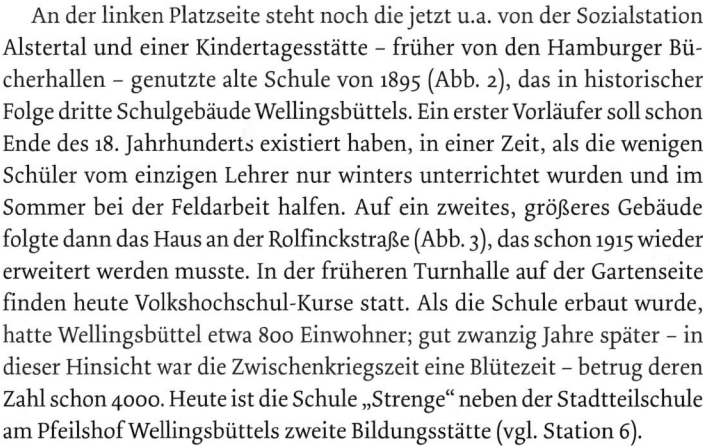

An der linken Platzseite steht noch die jetzt u.a. von der Sozialstation Alstertal und einer Kindertagesstätte – früher von den Hamburger Bücherhallen – genutzte alte Schule von 1895 (Abb. 2), das in historischer Folge dritte Schulgebäude Wellingsbüttels. Ein erster Vorläufer soll schon Ende des 18. Jahrhunderts existiert haben, in einer Zeit, als die wenigen Schüler vom einzigen Lehrer nur winters unterrichtet wurden und im Sommer bei der Feldarbeit halfen. Auf ein zweites, größeres Gebäude folgte dann das Haus an der Rolfinckstraße (Abb. 3), das schon 1915 wieder erweitert werden musste. In der früheren Turnhalle auf der Gartenseite finden heute Volkshochschul-Kurse statt. Als die Schule erbaut wurde, hatte Wellingsbüttel etwa 800 Einwohner; gut zwanzig Jahre später – in dieser Hinsicht war die Zwischenkriegszeit eine Blütezeit – betrug deren Zahl schon 4000. Heute ist die Schule „Strenge" neben der Stadtteilschule am Pfeilshof Wellingsbüttels zweite Bildungsstätte (vgl. Station 6).

5+6 WELLINGSBÜTTELER STEILUFER

Die heute verkehrsumbrandete „Friedenseiche" auf der Mittelinsel der Kreuzung (Gedenktafel) wurde 1871 anlässlich des Sieges im Deutsch-Französischen Krieg von patriotischen Wellingsbüttelern gestiftet und auf Initiative des damaligen Gemeindevorstehers Peter Hayn gepflanzt. Hayn war auch Pächter des Gasthofs, der gegenüber schon seit dem 17. Jahrhundert als „Kayenkrug" bestanden hatte und nun den Namen „Zur Friedenseiche" erhielt, unter dem das Lokal bis zu seinem Abriss 2004 bestand (Abb. 4). Der Neubau an gleicher Stelle beherbergt heute wieder ein Restaurant. In Sichtweite steht links an der Einmündung der Barkenkoppel eine typische Doppel-Eiche, wie sie 1898 zum 50. Jahrestag der schleswig-holsteinischen Erhebung gegen die Dänen vielerorts gepflanzt wurde.

Wir überqueren den Wellingsbüttler Weg und gehen den Fußweg beim Restaurant hinunter.

 **KUHTEICH**

Der Kuhteichweg führt am rückwärtigen Teil des Restaurants und der früher begehbaren Gartenanlage entlang: Die Haynschen Teiche sind vom Weg aus noch zu erkennen. Sie bilden Stauungen eines Bachs, der von der Berner Au und dem Pfeilshof kommend einige Hundert Meter weiter in die Alster mündet. Der Kuhteich liegt am westlichen Ende des Wellings-

7+8 MÜHLE BANTSCHOWSTRASSE, UM 1900, UND GASTHOF „ZUR LINDE", UM 1930

bütteler Gehölzes. Es verläuft entlang des sehenswerten Steilufers der Alster (Abb. 5 + 6) bis zum Park hinter dem erst unlängst geschlossenen Gasthof Randel, der als denkmalgeschütztes Ensemble auf Poppenbütteler Gebiet liegt, „gefühlt" jedoch immer zu Wellingsbüttel gehörte.

Der Weg läuft in einer Treppenanlage aus und führt um den fast kreisrunden, teils mit Seerosen bedeckten Teich herum. Er ist ein Vorstau des alten Mühlenteiches, dessen Reste noch unterhalb des Herrenhauses am Alsterwanderweg zu erkennen sind und zu dem eine Verbindung bestand. Wohl schon seit dem frühen 17. Jahrhundert wurde am Langwisch in Hoheneichen (vgl. Station 5) bis zu ihrer Stilllegung 1824 eine Kornmühle betrieben. Sie war auch Zwangsmühle für die Wellingsbütteler Bauern (die also verpflichtet waren, dort mahlen zu lassen) und wurde 1847 abgerissen. Eine Windmühle an der Bantschowstraße, ebenfalls in Hoheneichen, war noch bis zum Beginn des 20. Jahrhunderts in Gebrauch (Abb. 7). Der Kuhteich selbst diente – wie der Name anzeigt – als Viehtränke, aber auch als Löschteich.

Zwei Denkmäler stehen am Rand des Teiches. Der große Granitquaderblock zeigt außer den Jahreszahlen 1914/18 die Namen von 29 Wellingsbütteler Gefallenen des Ersten Weltkriegs. Der etwas versteckt am nächsten Treppenaufgang stehende Gedenkstein für den Reichspräsidenten Paul von Hindenburg (1847–1934) wurde 1935 aus Findlingen errichtet.

9 RÜCKANSICHT DES TORHAUSES

Wir nehmen nun den Pfad, der zwischen dem denkmalgeschützten ehemaligen Wohnhaus (später Kindertagesstätte) zur Rechten und einem Restaurant mit Gartenterrasse auf der linken Seite hindurchführt. Hier stand seit etwa 1850 der Gasthof „Zur Linde", der als Ausflugslokal nicht zuletzt wegen seiner Nähe zur Alster und zum historischen Herrenhaus beliebt war (Abb. 8). Dorthin wenden wir uns, indem wir in die nach dem Wellingsbütteler Pastor Christian Boeck (1875–1964) benannte Allee einbiegen.

3 HERRENHAUS UND TORHAUS

Unter Bäumen und vorbei an steinernen Zierbastionen kommen wir in einen besonderen Teil Wellingsbüttels, ist doch das alte Gut untrennbar mit der Familie von Kurtzrock verbunden, die dem kleinen Dorf einigen herrschaftlichen Glanz verliehen hat. Ein kopfsteingepflasterter Weg führt zum Torhaus von 1757 (Entwurf: Georg Greggenhofer, Abb. 9), wie an der Jahreszahl auf dem hölzernen Querbalken über dem Eingang noch zu sehen ist. Das Torhaus diente als Pferdestall, hatte Bedienstetenwohnungen und – über der Einfahrt – einen Heuboden. Im Durchgang liegt heute eine steinerne Platte mit einem Metallkreuz zum Gedenken an die Toten beider Weltkriege. An der Innenseite des vorderen Querbalkens über dem Tor wird explizit der Toten aus Hummelsbüttel, Poppenbüttel, Wellingsbüttel und Sasel gedacht.

Die Familie von Kurtzrock entstammte einem thüringischen katholischen Adelsgeschlecht (Abb. 10). Im Jahr 1673 wurde Theobald von Kurtzrock (gest. um 1704) Eigentümer des Gutes Wellingsbüttel, auf dem er nur sporadisch lebte, da er ab 1676 den Posten eines Kaiserlichen Gesandten in Bremen versah. Mit Verleihung des rittermäßigen Reichsadels durfte er sich ab 1678 „Edler von Wellingsbüttel" nennen. Auf seine Initiative gingen u.a. die Anlage eines Wildparks und einer Brauerei gleich beim Herrenhaus zurück – das Wellingsbütteler Bier soll sogar den Hamburger Brauern die Kundschaft streitig gemacht haben und wurde noch im frühen 19. Jahrhundert produziert.

10 WAPPEN DER KURTZROCK-GRAFEN

Theobald Joseph von Kurtzrock (1703–1770), der Enkel des „Edlen", ließ um 1750 ein repräsentatives Herrenhaus für das Gut errichten, das ihm seit 1735 gehörte. Unter anderem wegen Streitigkeiten um die Reichsunmittelbarkeit des Gutes verkaufte es Clemens August von Kurtzrock 1807 an König Friedrich VI. von Dänemark und Norwegen. Nach einigen weiteren Besitzerwechseln erwarb Mitte des 19. Jahrhunderts der Hamburger Holzgroßhändler Johann Christian Jauch das Anwesen (Abb. 11). Er ließ u.a. einen Hirschpark anlegen – der prompt zu einem Ausflugsziel wurde – und vergrößerte durch Zukäufe seinen Besitz beträchtlich. Der Fernsehmoderator Günther Jauch (geb. 1956) ist ein später Nachfahre.

11 JOHANN CHRISTIAN JAUCH (1802–1880)

12 HERRENHAUS WELLINGSBÜTTEL

Die beiden Gebäude, die von farblich gut angepassten Neubauten flankiert sind, stehen untereinander in reizvollem Kontrast auf dem ehemals 25 000 Quadratmeter großen Gelände: Während das Torhaus ursprünglich als Backstein-Fachwerk-Bau mit Walmdächern, Dachreiter und Turmuhr entstand, zeigt das Herrenhaus seit einem Umbau durch den Hamburger Architekten Martin Haller am Ende des 19. Jahrhunderts eine neobarocke Putzfassade mit fast schlossartiger Anmutung (Abb. 12). Zuvor war es äußerlich schlichter und nur im Mittelteil zweistöckig ausgeführt. Im Auftrag der Bankierswitwe Behrens, die das Gut 1888 von den Jauchs gekauft hatte, erhöhte Haller das Haus und verlieh ihm größere Portale. (Auch der erste Fernsprecher Wellingsbüttels wurde im Zuge dieser Umbauten im Herrenhaus installiert.) Von 1892 bis zu seinem Tod 1911 besaß dann der Kaufmann und zeitweilige Konsul von Costa Rica, Otto J. Hübbe, das Gut. Im Jahr 1910 veräußerte er mehr als 1,5 Millionen Quadratmeter aus den

Ländereien des Gutes an die „Alsterthal-Terrain-Gesellschaft", die Vorgängerin der späteren „ATAG", an deren Gründung er selbst beteiligt war (vgl. Station 11). Die riesige Fläche wurde später zwecks Besiedlung und Bebauung parzelliert. – Das Herrenhaus wird nach Zwischennutzungen (Erwachsenenbildungsstätte Hansa-Kolleg) und Renovierungen heute von einer Seniorenresidenz mitgenutzt, im Erdgeschoss befindet sich ein Café-Restaurant. Erhalten sind dort noch das denkmalgeschützte Treppenhaus und ein von „Madame Behrens" angebrachter Sinnspruch: „Kein Schloss in aller Welt, noch was es birgt an Schätzen, kann Wellingsbüttel je als Lieblingsplatz ersetzen [...]" (Abb. 13). Den Haupteingang ziert außen das Wappen der Familie von Kurtzrock (Abb. 14).

Ein Teil des Torhauses – in dem auch Trauungen und Weihnachtsmärkte stattfinden – wird seit Jahren vom örtlichen Bürgerverein bzw. dessen Kulturkreis genutzt, der hier hochkarätig besetzte Veranstaltungen organisiert. Die figurale Skulptur namens „Balance" (2007) vor dem Eingang zu diesem Gebäudeteil stammt von der Wellingsbütteler Künstlerin Gloria Umlauft-Thielicke. Im nördlichen Flügel lädt das sehenswerte Alstertal-Museum zum Besuch. Mit großem Engagement und Liebe fürs historische Detail wird hier die Geschichte der Region präsentiert. Getragen wird die Sammlung, zu der auch eine Bibliothek gehört, vom traditionsreichen Alsterverein, der sich von Beginn gleichermaßen für den

13+14 SINNSPRUCH IM EINGANGSBEREICH UND KURTZROCK-WAPPEN AM HERRENHAUS

15 KATTUNFABRIK WELLINGSBÜTTEL, UM 1800

Schutz wie für die Erschließung der Gegend eingesetzt hat und auch für Anlage und Ausbau des Alsterwanderwegs mitverantwortlich war. Zu seinen Gründungsmitgliedern gehörte der „Maler des Alstertals", Arthur Illies (1870–1952). Wie viele seiner Kollegen vom Hamburgischen Künstlerclub (vgl. Radtour, Station 5) hat er die damals noch fast unberührte Landschaft im Bild für die Nachwelt erhalten.

Der Alsterverein wurde auf Initiative des Poppenbütteler Lehrers und Heimatforschers Ludwig Frahm (1856–1936) unter Beteiligung lokaler Honorationen am 18. Februar 1900 gegründet. Der Poppenbütteler Gasthof „Zur Alsterschlucht" – wo sich Illies für die Dauer der Umbauten an seinem eigenen Haus einquartiert hatte – war Gründungsort und Sitz eines kleinen Vereinsmuseums. Bei der ersten Wahl bestimmte man u.a. Frahm zum Ersten Vorsitzenden und berief Illies in den Beirat. Für den Verein hat Illies dessen Signet – eine im Jugendstil gehaltene Darstellung des

Alsterlaufs – entworfen, und auch die erste Beschilderung des Alsterwanderwegs mit farbig gestalteten Wegweisern folgte seinem Entwurf – leider hat sich keines dieser Schilder erhalten. Schon 1920 wurde der Künstler zu einem Ehrenmitglied des Vereins ernannt. Dazu zählen auch die Schriftsteller Detlev von Liliencron (1844–1909) und Hermann Claudius (vgl. Tour 3, Station 4) sowie der ehemalige Hamburger Oberbaurat und Autor des Standardwerks „Die Alster" (1932), Wilhelm Melhop (1856–1943).

Wir gehen beim Herrenhaus hinab zum Alsterwanderweg, dem wir nach links – vorbei an alten Mühlenteichen – folgen. Am Flussufer sind rückwärtige Gärten einiger Häuser an der Alten Landstraße zu sehen. Dagegen dienten die zum Wellingsbüttler Weg und am Langwisch gelegenen Grundstücke am Ende des 18. und zu Beginn des 19. Jahrhunderts teilweise als Bleichwiesen einer bis 1815 betriebenen Kattundruckerei (Abb. 15) – ebenfalls eine von Kurtzrock'sche Einrichtung. Man nutzte das Alsterwasser zur Stoffproduktion und den Wellingsbüttler Weg (der damals noch alsternäher verlief und „Hamburger Straße" hieß) als Transportroute. Erst am Ende des 19. Jahrhunderts wurde die Straße befestigt, die wir jetzt bei der Ampel, vor der Zufahrt zu einem nahezu herrschaftlichen Anwesen, überqueren.

AUSFLUGSVERKEHR IM ALSTERTAL

Am Ende des 19. Jahrhunderts wurde das Alstertal als Ausflugsziel „entdeckt". Schon in kurzer Zeit eröffneten neben den bestehenden Dorfwirtschaften zahlreiche neue Gaststätten und Ausflugslokale. Diese boten nicht selten Platz für mehrere Tausend Gäste, manche verfügten auch über Tanzsäle und aufwendig gestaltete Gartenanlagen. Erste wanderbare Wege waren entstanden, es wurde gebadet und gerudert, selbst Fährverbindungen – etwa eine Seilfähre nach Hummelsbüttel – wurden eingerichtet. Die große Beliebtheit dieser Freizeitgastronomie hielt ein Vierteljahrhundert an, wurde durch den Ersten Weltkrieg zunächst beendet und setzte danach etwas zaghafter wieder ein. Bis heute ist das Alstertal bei Spaziergängern, Radfahrern und Wassersportlern beliebt. Die größten Besuchermassen kamen jedoch in der Zeit des Kaiserreichs.

Vor allem technische, soziale und wirtschaftliche Gegebenheiten haben die Oberalster zur Freizeitregion gemacht – ihre landschaftliche Schönheit war längst bekannt. Schon 1833 hatte sich etwa der englische Autor James E. Marston (1771–1855) in seinem „Wegweiser für Fußreisende in der Umgegend von Hamburg" für das „liebliche Alster-Thal" begeistert: „Die Luft war ruhig, und der sanfte Strom zog sich schimmernd wie eine blaue Ader durch die hellgrünen Felder. [...] Hier sieht man die Natur in ihrer ganzen Größe, ihrem vollen Glanze! Man wird mit ihren Geheimnissen, mit jedem Kunstgriffe ihres Pinsels, mit ihren großen Wirkungen innig vertraut." Als Jahrzehnte später die beiden Malerfreunde Arthur Illies (1870–1952) und Ernst Eitner (1867–1955) bildkünstlerische Ansichten des Alstertals lieferten, war es bereits zum Erholungsgebiet der Großstadt geworden.

Hamburg war im frühen 20. Jahrhundert auf dem Weg zur Millionenstadt: immer dichter bebaut, aber auch mit einer zunehmend besseren Verkehrsinfrastruktur versehen. Statt Fußtagesreisen wie vormals waren plötzlich Tagesausflüge ins einst so abgelegene Alstertal möglich: Von Ohlsdorf, der Endhaltestelle der Straßenbahn seit 1895 und der Vorortbahn seit 1906, ließen sich Gasthöfe und Badeplätze relativ bequem (etwa per Pferdewagen-Shuttle) und auch preiswert (etwa für vierzig Pfennige bis Wellingsbüttel) erreichen – ein nicht unwichtiger Aspekt für die Erholungsuchenden, die oft einfache Angestellte und Arbeiter waren.

Die zahlreichen Gasthöfe boten Verköstigung und schöne Alsterblicke sowie teilweise Übernachtungsmöglichkeiten, wie etwa die „Alsterhöhe" in Wellingsbüttel, wo das Zimmer drei Mark pro Nacht kostete. In dem 1897 erbauten Poppenbütteler Gasthof „Zur Alsterschlucht" wurden vom dort gegründeten Alsterverein die Pläne für einen durchgängigen Wanderweg entlang des Flusses vorangetrieben. Mit einer Bühne und „großem Pracht-Orchestrion" warb das an der Wellingsbütteler Landstraße gelegene „Klein-Borsteler Fährhaus", dessen Festwiese direkt an die Alster grenzte. Den schönsten Namen trug vielleicht der Hummelsbütteler Gasthof „Welt der Zufriedenheit", der um 1900 eröffnete. – Nichts von alldem existiert heute

ALSTERFÄHRE, UM 1910

noch, und auch das letzte noch fast im alten Stil arbeitende und in siebter Generation betriebene Lokal, der Gasthof Randel (vormals „Hotel Waldhaus"), musste 2013 schließen. Nur noch das Gebäude und der Garten erinnern hier an die Zeit, als das Alstertal zum Ausflugsziel für Tausende wurde.

4 LUTHERKIRCHE

Vom Langwisch, der zum S-Bahnhof Hoheneichen führt, empfiehlt sich ein Abstecher zur evangelischen Lutherkirche, mit der die Geschichte der Kirchengemeinde Wellingsbüttel begann und deren Architektur ein Beispiel des Heimatschutzstils der 1930er Jahre ist. Wir biegen dazu zunächst links in die Straße Up de Worth ein. Hier, wo u.a. der Chile-Haus-Architekt Fritz Höger (1877–1949) zwei Häuser erbaut hat (Nr. 24 und 26), und in der parallel verlaufenden Barken-(= Birken-)Koppel wurden von der ATAG die ersten Grundstücke in einer Mindestgröße von 2500 Quadratmetern zum Verkauf angeboten. Näher zur Alster gelegene Grundstücke sollten 5000 Quadratmeter Fläche haben – Größen, die kalkuliert waren, um dem Erhalt landschaftlicher Gegebenheiten zu dienen.

Wellingsbüttel war jahrhundertelang dem Kirchspiel Bergstedt zugeordnet. Mit steigender Bevölkerungszahl wurden 1907 erste Pfarrstellen ausgegliedert und das Dorf der Gemeinde Bramfeld unterstellt, aus der

16 LUTHERKIRCHE IM BAU, 1937

heraus später der Pfarrbezirk Wellingsbüttel entstand. Der kirchlichen Selbständigkeit 1938 ging die Einweihung der Lutherkirche im November 1937 voraus. (Bis dahin fanden Gottesdienste u.a. in einem Saal des Herrenhauses statt.) Die Architekten Bernhard Hopp (1893–1962) und Rudolf Jäger (1903–1978), die im Folgejahr auch die Maria-Magdalenen-Kirche in Klein Borstel errichteten (vgl. Tour 3, Station 3), hatten mit ihrem Entwurf einer in traditioneller Backstein- und Fachwerkoptik gehaltenen Saalkirche mit seitlich auskragenden Emporen und kompaktem Turm die Ausschreibung gewonnen (Abb. 16). Damit drückte der Bau ein damals zeitgemäßes Gefühl von Bodenständigkeit und Heimatverbundenheit aus. Die „ländliche" Anmutung, die die Kirche äußerlich von den Hamburger Stadtkirchen unterschied, war beabsichtigt und wurde unterstützt durch die an bäuerliche und christliche Traditionen erinnernden Ornamente. Das damals an der Nordseite angebrachte Hakenkreuz ist durch Steinumsetzungen heute nur noch schwach zu erkennen, doch ist in der Bodenpflasterung seit einigen Jahren eine Mahntafel angebracht. Die Kirche und die zugehörigen Gebäude stehen als Ensemble unter Denkmalschutz.

An der Kirchenrückseite liegt unter alten Eichen noch eines der im Alstertal häufiger anzutreffenden bronzezeitlichen (etwa 1800–500 v. Chr.) Hügelgräber. Auch wenn einige schon bei ihrer Entdeckung nicht mehr in ursprünglicher Form erhalten waren, ließen sich hier doch Einblicke in die Vergangenheit gewinnen. Die früheste Besiedlung des Alstertals freilich dürfte noch sehr viel weiter zurückliegen.

Wir kehren nun um und biegen nach wenigen Metern in den Knasterberg ein, der als schmaler Weg zur Barkenkoppel führt.

An der Ecke zum Langwisch lohnt noch ein Blick auf das Haus Nr. 9. Es wurde 1921 von Heinrich Mandix und Hans Franck erbaut und ist ein besonders schöner (denkmalgeschützter) Vertreter der Wellingsbütteler Einzelhausarchitektur in Hoheneichen. Anschließend gelangen wir entweder durch das kleine Waldstück – benannt nach dem evangelischen Theologen und zeitweiligen Prediger an der St. Michaelis-Kirche Helmut Thielicke (1908–1986, Gedenkstein im Park) – oder zurück über den Langwisch zum Bahnhof Hoheneichen.

5 HOHENEICHEN

Der Bahnhof ist der Mittelpunkt des südwestlichen Teils Wellingsbüttels. Hier geben einige Straßen (Sanderskoppel, Möhlendannen u.a.) einen Eindruck des „mondänen" Alstertals. Die „hohen Eichen" waren lange die wichtigsten Bäume des Alstertals, da deren Eicheln den Bauern zur Schweinemast dienten. Diese Zeiten sind freilich vergangen, ebenso wie die des kleinen Nahversorgungszentrums im Haus Langwisch 13 neben dem Bahnhof. Wo zunächst mit Fisch, Gemüse, Zeitschriften und Tabak gehandelt und später auch Schuhe repariert wurden, ist seit einigen Jahren die Kultur zu Hause: Zwei Künstler betreiben in ihren Ateliers eine Malschule und eine Glasbläserei.

Am hinteren Bahnhofsausgang halten wir uns vor der Fahrradstation links und gehen durch ein Waldstück zum Schwarzbuchenweg. Hier sind viele Ein- bis Zweifamilienhäuser in Rotklinkeroptik gehalten, wobei die Grundstücke bei der Aufsiedlung nach den ATAG-Richtlinien kleiner als bei der Lutherkirche oder in Alsternähe ausfallen sollten, nämlich bis maximal tausend Quadratmeter. Es überwiegen schlichte Bauten, die am östlichen Ende der Straße durch Mehrfamilienhäuser ergänzt werden. Ähnliche Bebauung begegnet uns auch im Weißbuchenweg, der uns rechts zum Ecker-(= Eichen-)kamp führt. Architektonische Moderne bietet dort das Zweifamilienhaus Nr. 36: Es wurde 1932 nach einem Entwurf von Kurt Weber errichtet und erinnert an Bauten des ungleich berühmteren Karl Schneider (1892–1945), etwa in den Elbvororten.

Das östlich anschließende Gelände ist die Heimat des 1888 gegründeten „Klipper Tennis- und Hockey-Club (THC)", der zu den traditionsreichsten Hamburger Sportvereinen zählt und heute rund 1500 Mitglieder hat (Abb. 17). Große Erfolge gelangen im Tennis vor allem in den 1970er und 1980er Jahren, als aus den Bundesliga-Herrenmannschaften u.a. der spätere Weltranglistenzweite Michael Stich (geb. 1968) hervorging. Im Feldhockey sind es dagegen die Damen, die bis heute mit mehreren Mannschaften in den Bundesligen vertreten sind. Der THC trägt also erheblich dazu bei, dass sich Hamburg für Fans längst den Zusatz „Freie und Hockeystadt" erspielt hat.

Der Verein, dessen Ursprünge auf der Uhlenhorst liegen, erwarb nach einigen Fusionen um 1920 in Hoheneichen ein Stück Ackerland zum Bau einer neuen Sportanlage. Im Jahr 1923 entstand hier ein erstes Clubhaus, 1925 folgte der Kauf des restlichen Geländes. Von den Bomben des Krieges verschont, wurde 1943 auf einigen Freiflächen Gemüse angebaut – eine Vorwegnahme dessen, was in den ersten Nachkriegsjahren mit vielen Privatgärten im Alstertal geschehen sollte, die zur Selbstversorgung in Anbauflächen verwandelt wurden. Vor allem der Bau einer Dreifeld-Tennishalle und einer Hockeyhalle setzten dann in den 1990er Jahren neue Impulse für die Aktivitäten des THC.

17 HOCKEYFELD DES KLIPPER THC

Wir biegen links in die Binsenkoppel ein, kommen dann rechts in den Schwarzbuchenweg und nochmals rechts zur Schule Strenge.

6 SCHULE STRENGE

Das backsteinerne Hauptgebäude (Entwurf: J. Rockhoff) wurde 1934–1936 erbaut, als durch die steigende Einwohnerzahl Wellingsbüttels neuer Bedarf an Unterrichtsstätten entstanden war. Schon bald folgten – etwa mit dem Bau einer Turnhalle 1938 – erste Erweiterungen der zunächst nach dem NS-Pädagogen Hans Schemm benannten Schule. Die Anfangsjahre im „Dritten Reich" führten u.a. zur Ersetzung des Sonnabendunterrichts durch einen sogenannten Staatsjugendtag der „Hitler-Jugend", die bald auch in der neuen Turnhalle Versammlungen abhielt. Die jährlichen Sommerfeiern der Schule fanden dagegen auf der großen Wiese beim Wellingsbüttler Torhaus statt. Bei Bombenangriffen dienten die Keller als Luftschutzräume, ab 1943 die ganze Schule als Notquartier für Ausgebombte und noch etwas später als Lazarett. Nach der Normalisierung der Situation Ende der 1940er Jahre musste mit dem Neubau der Schule am Pfeilshof, an der Grenze zu Sasel, schon bald für eine Entlastung des Lehrbetriebs gesorgt werden.

Der heutige Name „Strenge" deutet übrigens nicht etwa auf Art und Weise des Unterrichtens, sondern leitet sich von der Bezeichnung „Strang" für ein langgestrecktes Feld ab, nach dem die hier gebaute Straße „Strenge" (= Stränge) benannt wurde. Generell tragen die Straßen im Alstertal erst seit Beginn des 20. Jahrhunderts Namen. Im Bereich der ATAG-Siedlungen dienten dafür zunächst historische Flurbezeichnungen. Nach den Eingemeindungen im Zuge der Gebietsreform 1937/38 wurden auch in Wellingsbüttel viele Straßen umbenannt.

Der denkmalgeschützte Altbau beherbergt heute eine drei- bis vierzügige Grundschule (in der also drei oder vier Klassen pro Stufe bestehen), die von rund 400 Kindern, zumeist aus der näheren Umgebung, besucht wird. Im November 2013 wurde die Schule um eine moderne Mensa (Entwurf: Büro Holger Jedrkowiak) ergänzt. Das Gebäude unterscheidet sich in Form (abgerundete Ecken) und Aussehen (Metallverblendung) deutlich

vom Schulhaus, verbindet dieses aber räumlich mit einem neuen, östlich anschließenden Klassentrakt (Abb. 18).

Zwischen der Mensa und einer ebenfalls neuen Siedlung führt ein Weg zum Schulteßdamm. Die frühere „Schulstraße" ist benannt nach Friedrich Schulteß (1851–1919), der von 1888 bis zu seinem Tod Rektor des Hamburger Johanneums war. In diesem südöstlichen Teil Wellingsbüttels ist qua Benennung ein ganzes „Direktorenviertel" entstanden. So sind auch die Rolfinckstraße (Werner Rolfinck, 1575–1590), der Huswedelweg (Johannes Huswedel, 1627–1628), der Lichtensteinweg (Heinrich Lichtenstein, 1782–1799), der Classenweg (Johannes Classen, 1864–1874), der Hochestieg (Richard Hoche, 1874–1888) und die Kelterstraße (Edmund Kelter, 1925–1933) nach Leitern der traditionsreichen Schule benannt.

Wir biegen an der Ecke Strenge und Schulteßdamm rechts ab, um den längeren Rundgang bis nach Bramfeld / Sasel auszudehnen, oder nach links, um den kurzen Rundgang am S-Bahnhof Wellingsbüttel zu beenden.

7 GRENZLAND WELLINGSBÜTTEL/BRAMFELD/SASEL

Der weitere Weg führt über den Schulteßdamm mit seinem alten Baumbestand und den anschließenden Schulteßstieg zur „Grenze" zwischen Wellingsbüttel und Bramfeld, die hier als Fuß- und Radweg verläuft. In östlicher Richtung – also nach links – gehen wir zwischen Kleingärten und Wohnsiedlungen hindurch über die Bramfelder Drift zur breiten Schneise der Bramfelder (nördlich: Saseler) Chaussee.

Die mehrspurig ausgebaute ehemalige „Lübecker Straße" bildete – bei fast gleichem Verlauf – seit dem Mittelalter eine der Hauptrouten für den Handel zwischen den Hansestädten Lübeck und Hamburg. Stationen auf dem Weg waren u.a. die Dörfer Bramfeld, Sasel, Bergstedt, Bargteheide und das an der Trave gelegene Oldesloe, wo Waren auf Schiffe verladen werden konnten. Doch Reisen und Transporte waren beschwerlich. Von Straßen im heutigen Sinne konnte – teils noch bis ins 19. Jahrhundert – kaum die Rede sein: Unebene, vereiste oder verschlammte Untergründe machten die Fortbewegung schwierig, Fuhrwerke blieben stecken oder erlitten Achsbrüche, Pferde und Fußgänger konnten verunglücken, auch Überfälle wird es gegeben haben. Zwei Tage konnte so eine Fahrt auf den sechzig Kilometern von Hamburg nach Lübeck dauern – kein Wunder, dass sich rasch Gasthöfe am Weg etablierten. Einer der bekanntesten und beständigsten war der „Grüne Jäger", ungefähr an der Kreuzung Saseler Chaussee/Am Pfeilshof gelegen. Dort befindet sich heute ein Teil des Heinz-Erhardt-Parks, eine unserer nächsten Stationen.

Zunächst geht es jedoch in die verkehrsberuhigte Siedlung am Grootmoor, wo wir uns links halten und nach knapp 300 Metern den gleichnamigen Spielplatz erreichen. Dieser wurde im Zuge des Siedlungsbaus angelegt und greift das Thema „Leben am Moor" u.a. in der Gestaltung der Spielgeräte auf, die aus weitgehend natürlichen Materialien bestehen.

19 GROOTMOORWEIHER

Da der Spielplatz unmittelbar an den idyllischen Grootmoorweiher grenzt (Abb. 19), bildet er einen naturnahen Raum für Kinder in der Metropole. Der knapp hundert Quadratmeter große und bis zu 1,80 Meter tiefe Moorteich steht unter der Patenschaft des nahen Gymnasiums Grootmoor – des größten Hamburger Gymnasiums und einer UNESCO-Projektschule –, das hier u.a. naturkundliche Untersuchungen durchführt.

Wir verlassen die Grünanlage entlang der Kleingartensiedlung und über die Straße Reemwinkel. An der Einmündung zur Waldingstraße biegen wir rechts ab.

 8 WALDINGSTRASSE

Auch die Waldingstraße zeugt in diesem Abschnitt – wie das Viertel Hoheneichen – vom eher „gediegenen" Wellingsbüttel. Der Straßenname erinnert an den schon genannten „Ur-Wellingsbütteler" Walding, der vielleicht ein Sachsenfürst war und dessen zwischen 800 und 1000 n. Chr. entstandenes Anwesen seinen Namen trug. Nach einer Zeit in grundherrlichem Besitz fiel das daraus hervorgegangene Dorf ab 1412 an die Bremer Erzbischöfe, dann an Hamburger Domherren und Bürger. Bis 1627 gehörte der Ort der Familie von Rantzau, bevor er mit dem Westfälischen Frieden von 1648 unter schwedische Herrschaft kam. Die Familie von Kurtzrock trat schließlich um 1673 auf den Plan.

Wenige Hundert Meter die Waldingstraße hinauf zweigt rechts der Elfenbeinweg ab. Der Name verweist auf das von der Firma Heinrich Adolph Meyer von 1911 bis nach dem Zweiten Weltkrieg betriebene Wellingsbütteler Zweigwerk einer der damals größten Elfenbeinfabriken der Welt. Hier wurden Klaviertasten, Billardkugeln, Kämme, Schmuck und vieles mehr aus dem damals sehr beliebten, heute als Rohstoff eher geächteten Material hergestellt. Inhaber der Fabrik war der Kommerzienrat Max Westendarp, der den Betrieb 1889 von seinem Schwager Meyer übernommen hatte. Die Fabrikbauten, deren Haupteingang mit einem Elefantenkopf verziert war, sind nicht erhalten, und auch die Jugendstilvilla, die sich Westendarp 1910 in der Waldingstraße (damals: Waldstraße) errichten ließ, existiert nicht mehr (Abb. 20). Zuletzt wohnte dort der Wellingsbütteler Pastor Christian Boeck. Er war ein bedeutender Förderer der niederdeutschen Literatur und erhielt für seine Leistungen auf diesem Gebiet sogar das Bundesverdienstkreuz.

20 WOHNHAUS BOECK IN DER WALDINGSTRASSE

Auf der anderen Seite der Waldingstraße zweigt als Sackgasse der Fasanenhain ab. Hier lebte in der Nr. 9 ein Mann, der sich auf gänzlich andere Art um die deutsche Sprache verdient gemacht hat: der Unterhaltungskünstler Heinz Erhardt (1909–1979, vgl. Leute aus Alsterdorf und dem Alstertal, S. 97). In Riga geboren, startete er seine Karriere im Berlin der späten 1930er Jahre, wurde dann aufgrund seiner starken Kurzsichtigkeit nicht Frontsoldat, sondern einem Musikkorps zugeteilt und unterhielt nebenbei als Komiker die Truppe. Als Kabarettist, Schauspieler und Dichter wurde er nach dem Krieg einer der Großen der deutschen Film- und Fernsehunterhaltung, vor allem in den 1950er und 1960er Jahren. Sein hintersinniger und „schelmischer" Wortwitz sowie die von ihm verkörperte Rolle des „kleinen Mannes" machten ihn zum Publikumsliebling – viele seiner zahlreichen Spielfilme sind Klassiker des komischen Genres. Auch privat führte Erhardt ein gutbürgerlich-bescheidenes, wenn auch arbeitsintensives Leben und wohnte mit seiner Frau Gilda (1913–1987) und vier Kindern über dreißig Jahre lang in Wellingsbüttel, das sogar Eingang in sein Werk fand:

> Ich bin ein König und lebe vom Applaus,
> doch wenn der Vorhang fällt,
> dann geh ich schnell nach Haus.
> Ich weiß nicht, wussten Sie das schon,
> daß ich in Wellingsbüttel wohn'?

Das rastlose Tätigsein forderte seinen Tribut, als Erhardt 1971 einen schweren Schlaganfall erlitt, der weitere Auftritte unmöglich machte – am 5. Juni 1979 starb der Künstler. Einige Familienmitglieder sind Wellingsbüttel bis heute verbunden: So lebt etwa der Schauspieler Marek Erhardt, ein Enkel des Künstlers, ganz in der Nähe.

Wir setzen den Weg fort in Richtung des ehemaligen Pfeilshofs. Dazu geht es zunächst ein Stück durch den Wald.

→ ABSTECHERTIPP GUT KARLSHÖHE

Naturfreunde können einen Abstecher nach Bramfeld machen und das nur wenige Hundert Meter entfernte Gut Karlshöhe besuchen. Für den Aufenthalt sollte man sich Zeit nehmen, denn das Umweltzentrum, das seit 1989 auf dem neun Hektar großen Gelände arbeitet, bietet viel Wissenswertes zum Natur- und Klimaschutz, zu Energie- und Umwelttechnologien sowie verschiedenen Ökosystemen, die sich hier unmittelbar begreifen lassen: Ein Bauerngarten, ein kleiner Wald mit Erlebnisstation, eine Streuobstwiese und eine Schafweide machen das Gut auch für einen Ausflug mit Kindern attraktiv.

Auf dem heutigen Gelände war um 1850 ein Bauernhof entstanden, später wurde daraus eine Geflügelfarm. Seit 1919 im Besitz der Stadt Hamburg, wurde Karlshöhe (damals noch: „Carlshöhe") mit dem neuen Eigentümer zum Staatsgut samt Lehranstalt für Geflügelwirtschaft; zugleich diente es als „Werk- und Arbeitshaus" des Gutes Farmsen. Der Niedergang des Betriebs konnte erst in den 1980er Jahren durch die Gründung eines Zentrums für Umweltpädagogik aufgehalten werden, die mit einer grundlegenden Sanierung der Anlage einherging. Der große ehemalige Stall erhielt etwa einen modernen Eingangsbereich und Seminarräume. Im linken Teil ist heute die Ausstellung „jahreszeitHAMBURG" zu sehen und ein Restaurant mit dem Schwerpunkt auf regionaler Küche untergebracht. Ein öffentlich zugänglicher „Entdecker-Rundweg" führt u.a. zu einem Spielegarten, einer Aussichtsplattform und einem Lehrbienenstand. An technischen Einrichtungen sind neben einer Wetterstation und einem Multifunktionswärmespeicher auch eine Photovoltaikanlage sowie ein Wasseraufbereitungssystem in Form einer Pflanzenkläranlage zu besichtigen.

Träger des Guts Karlshöhe ist seit 2008 die Klimaschutzstiftung der Stadt Hamburg, die ihre Verwaltung im ehemaligen Gutshaus hat. In der „Kultur-Scheune" gegenüber finden wechselnde Veranstaltungen statt. Das Gelände ist von Di bis So von 11 bis 18 Uhr geöffnet (Einlass bis 17 Uhr), der Eintritt beträgt für Erwachsene 4,50 Euro, für Kinder bis 15 Jahren 2,50 Euro.

9 GRÜNER JÄGER

Hinter dem Farmsener Weg bzw. der Karlshöhe verläuft die Waldingstraße in leichter Linkskurve durch das mehrere Hektar große Waldstück
„Grüner Jäger" und führt dann zur Straße Am Pfeilshof. Bei besagtem Hof
handelte es sich um einen Gutsbetrieb, der Ende der 1880er Jahre hier gegründet und nach einem ersten Besitzer namens Pfeil benannt wurde. Das
zumeist landwirtschaftlich genutzte Gelände ist in diversen Siedlungsprojekten der 1970er und 1980er Jahre aufgegangen, so etwa im „Dreieck"

21 IRENA SENDLER
(1910–2008)

zwischen Pfeilshofer Weg und Gilcherweg am südöstlichen Rand Sasels, wo sich weiträumig Ein- und
Zweifamilienhausbebauung findet. Das gründerzeitliche Gutshaus (um 1880) mit dem kantigen
Turm steht dagegen noch (Nr. 35). Seine Errichtung
geht auf den damaligen Besitzer Oskar Krauseneck
zurück. An der Einmündung des Kipps Wegs steht
noch eine – recht verfallene – Toranlage.

Die Irena-Sendler-Schule gegenüber dem Haus
wurde zwar schon 1946 – als sogenannte Jenaplan-Schule – gegründet,
trägt ihren heutigen Namen jedoch erst seit wenigen Jahren. Seit 2009
wurde nach öffentlichen und schulinternen Diskussionen für die zuerst
nach dem Reformpädagogen Peter Petersen (1884–1952) benannte Schule
ein neuer Name gesucht. Ein Grund für die Umbenennung waren vor
allem Petersens Ansichten und Äußerungen während der Zeit des Nationalsozialismus und darüber hinaus. Im November 2010 wurde die ehemalige „PPS" dann nach der polnischen Widerstandskämpferin Irena Sendler
(1910–2008, Abb. 21) benannt, durch deren Einsatz während des Zweiten
Weltkriegs rund 2500 Kinder aus dem Warschauer Getto vor dem Tod gerettet werden konnten. Die Irena-Sendler-Schule ist heute die Stadtteil-
und Ganztagsschule Wellingsbüttels. Etwas versteckt liegt in der Nähe
die Wellingsbütteler Anlage des 1919 gegründeten „Clubs an der Alster",

der hier u.a. seine Feldhockey-Bundesligaspiele austrägt – ein weiterer Grundpfeiler der Hockeyhochburg Hamburg. Hinter der Schule erstrecken sich die Sportstätten des TSC Wellingsbüttel. Hier wird vor allem Fußball gespielt.

Auf dem Weg zum Heinz-Erhardt-Park kreuzen wir zunächst den Volksdorfer Weg und kurz darauf wiederum die Saseler Chaussee.

10 ARCHE/HEINZ-ERHARDT-PARK

An der Ecke Saseler Chaussee / Am Pfeilshof fällt der markante Bau der evangelisch-freikirchlichen Gemeinde Arche Alstertal auf – ein frühes Projekt (1995) des in der Schweiz geborenen und in Hamburg lebenden Architekten Marc-Olivier Mathez. Unter einem leicht gewölbten Tonnendach, das auch den säulengestützten Eingangsbereich bedeckt, sind ein großer Saal für Gottesdienste sowie Tagesräume untergebracht. Die 1980 gegründete und heute rund 300 Mitglieder zählende Gemeinde hatte vor Errichtung ihres jetzigen Zentrums Räumlichkeiten der Simon-Petrus-Kirche in Poppenbüttel mitgenutzt.

Über die Saseler Chaussee hinweg gelangen wir links zu einem Gehölz, das zunächst ebenfalls „Grüner Jäger" hieß, am 24. Juni 2010 jedoch in Heinz-Erhardt-Park umbenannt worden ist. Aus Anlass von Erhardts hundertstem Geburtstag am 20. Februar 2009 war die Einrichtung dieses Erinnerungsorts – als des ersten seiner Art in Hamburg – von der Bezirksversammlung Wandsbek

22 GASTHAUS „GRÜNER JÄGER", UM 1910

beschlossen worden. An den Parkwegen sind nun in Abständen kleine Metalltafeln installiert, auf denen unter einem Konterfei Erhardts jeweils einige seiner Verse zu lesen sind.

Der einst berühmte Gasthof „Grüner Jäger" war Ende des 17. Jahrhunderts auf freiem Feld erbaut worden. Das Gasthaus bot Reisenden Obdach, besaß eine Werkstatt für Fahrzeuge und lieferte medizinische Versorgung für Pferde. Doch nach dem Bau einer neuen Straße, die nun über Wandsbek und Ahrensburg nach Oldesloe und Lübeck führte, verlor der „Königsweg" an Bedeutung. Im Jahr 1848 erwarb der damalige Besitzer des Wellingsbütteler Gutshauses, Johann Christian Jauch, den „Grünen Jäger". Als das Lokal 1869 abbrannte und ein Stück weiter südlich (heute: Saseler Chaussee 30) neu aufgebaut wurde, entwickelte sich der „Jäger" schnell zu einem der meistfrequentierten Ausflugslokale des Alstertals (Abb. 22).

Wir verlassen den Heinz-Erhardt-Park am Rabenhorst und biegen dort rechts ab.

 RABENHORST

Der Rabenhorst – früher ebenfalls Waldgelände – gehörte zu den ersten planmäßig besiedelten Gebieten Wellingsbüttels. Auch wenn im Lauf der Zeit einige Neubauten von teils beachtlicher Größe die Straße verändert haben, lassen sich noch Beispiele der ursprünglichen Bebauung entdecken. Das Haus Nr. 12 etwa errichtete um 1926 der jüdische Hamburger Architekt Felix Ascher (1883–1952, vgl. Leute aus Alsterdorf und dem Alstertal, S. 96) für seine Familie und sich selbst als Wohnhaus. Bekannt geworden ist Ascher durch den Bau des neuen Tempels an der Oberstraße in Harvestehude, den er mit dem Architekten Robert Friedmann (1888–1940) und im Auftrag des religiös-liberalen Tempelverbands bis 1931 realisierte.

Schräg gegenüber, neben dem klassizistischen Haus Rabenhorst 13 („Haus Bucheneck"), steht etwas versteckt ein Gedenkstein für Johann Vincent Wentzel (gest. 1919). Der Hamburger Immobilienmakler reagierte mit seinen Ideen von Eigenheimsiedlungen und Infrastrukturmaßnah-

IN DAS
HERRLICHE ALSTERTAL!

Dort finden Sie alle Vorzüge, die kein Kauf eines Wochenend- bzw. Bauplatzes berücksichtigt werden müssen.
1. Gute Bahnverbindung, teilweise 10 Minuten-verkehr.
2. Feine so große Leiterung, Fahrzeit vom Hauptbahnhof 30 Minuten.
3. Niedrige Fahrkosten, Stadtfahrkarte 10—15 Pfennig.
4. Wald und Wasser.
5. Möglichkeit zur Ausübung des Paddelsports.
6. Gelegenheit zu herrlichen Wanderungen im Alstertal.
7. Baden im Freien, und
8. Das Wichtigste:

Bauplätze zu niedrigen Preisen direkt
am Bahnhof von der Atag

Wir haben in Jahre 1912 durch den Bau der Vorortsbahnstrecke Ohlsdorf – Poppenbüttel das Alstertal er-schlossen. Tausende gehen sonntäglich hinaus, um von dort aus ihre Wanderungen zu unternehmen, aber viele kennen die Schönheiten des Alstertals noch nicht.

Auch sie sollen Freunde des Alstertals werden.

Unser Gelände wird durch vier Bahnhöfe der Alstertalbahn, nämlich Kornweg, Hoheneichen, Wellingsbüttel und Poppenbüttel erschlossen.

Die Plätze liegen größtenteils direkt an den Bahnhöfen, die weitest gelegenen Plätze sind nur zirka 10 Minuten von einem Bahnhof entfernt.

Wir verkaufen:

Bau- und Wochenendplätze

in der Größe von 600 qm ab, je nach Lage und Größe zu niedrigen Preisen und besonders günstigen Bedingungen.
Mit den Zahlungsbedingungen kommen wir den Käufern weitest entgegen.
Auch diejenigen, die sich ein Grundstück durch monatliche Einsparungen erwerben wollen, können bei uns kaufen.

Unsere Bedingungen sind:

Eine Anzahlung von 20 Prozent.
Das Restkaufgeld kann auf weitere Jahre fest als Hypothek mit 7% Zinsen eingetragen werden, oder
das Restkaufgeld wird durch monatliche Abzahlungen von RM 20.– bis RM 30.– getilgt, in diesem Falle ist es unkündbar.

ATAG ATAG ATAG ATAG ATAG ATAG ATAG ATAG ATAG ATAG

23+24 ATAG-WERBESCHRIFT, UM 1920, UND ATAG-GRÜNDUNGSMITGLIEDER: EDUARD HENNEBERG
(O.L.), OTTO J. HÜBBE (O.R.), CONRAD REUTER (U.L.), JOHANN VINCENT WENTZEL (U.R.)

men früh auf die wachsende Beliebtheit des Alstertals, die vor allem aus der Verbindung von Natur- und Stadtnähe resultierte (Abb. 23). Gemeinsam mit den Gutsbesitzern Eduard Henneberg (Poppenbüttel), Otto Jonathan Hübbe (dem Wellingsbütteler Gutshausbesitzer) und Conrad Reuter (Sasel, Abb. 24) – allesamt einflussreiche, gut „vernetzte" Persönlichkeiten – fiel zunächst der Entschluss zum Weiterbau der Vorortbahn von Ohlsdorf nach Poppenbüttel, der von vornherein auch den zweiten Wellingsbütteler Bahnhof in Hoheneichen vorsah.

Die am 6. September 1912 mit einem Aktienkapital von vier Millionen Mark gegründete „Alsterthal-Terrain-Aktiengesellschaft (ATAG)" hatte ihren Sitz am Rabenhorst Nr. 11, Ecke Lockkoppel, gleich beim Wellingsbütteler Bahnhof. Das von dem Poppenbütteler Architekten Paul Schöß um 1914 errichtete Backsteingebäude steht mit den Häusern 7 und 9 sowie dem Straßenbelag aus Kopfsteinpflasterung (um 1900) unter Denkmalschutz. Vom ATAG-Verwaltungssitz aus wurde die Erschließung des Alstertals vorangetrieben, bis die Gesellschaft 1947 aufgelöst wurde.

Die beiden Weltkriege bedeuteten allerdings große Zäsuren: Während der ersten Jahre der Nazi-Herrschaft stockten die Verkäufe größerer Grundstücke trotz einer wachsenden Bevölkerungszahl, die in den 1940er Jahren auch Flüchtlinge und „Ausgebombte" umfasste. Nach dem Krieg diente das ATAG-Gebäude bis zu dessen Verlegung nach Poppenbüttel 1958 zunächst als Ortsamt des Alstertals, später als Gemeindezentrum. Und während am Rabenhorst seit Langem eine Kindertagesstätte untergebracht ist, sind die Tage des jetzigen Kundenzentrums in Poppenbüttel auch schon wieder gezählt: Eine Neubebauung ist dort in Planung.

Mit der letzten Station des Rundgangs ist auch der S-Bahnhof Wellingsbüttel wieder erreicht.

ALSTERTALBAHN

Als im Dezember 1904 Hamburg und Preußen den „Ohlsdorfer Vertrag" schlossen, war damit u.a. eine elektrifizierte Schnellbahnverbindung von Blankenese über Barmbek bis zum wachsenden Zentralfriedhof in Ohlsdorf beschlossen. 24 Monate später – im Jahr der Eröffnung des Hamburger Hauptbahnhofs – ging die Strecke in Betrieb. Doch schon 1905 gab es Initiativen zum Bau einer Verlängerung in die Dörfer des Alstertals, die vor allem von den dortigen Gutsbesitzern ausgingen, deren landwirtschaftliche Großbetriebe sich – aufgrund mittelmäßiger Bodenqualität und steigender Lohnkosten – immer weniger rentierten. Eduard Henneberg (Poppenbüttel), Conrad Reuter (Sasel) und Otto J. Hübbe (Wellingsbüttel) beschlossen daher, ihre Grundstücke parzellenweise als Bauland zu veräußern. Unterstützt durch den Hamburger Immobilienmakler Johann Vincent Wentzel (1865–1919) gründeten sie 1908 die „Alsterthalbahn GmbH", die fortan mit Planung und Bau einer Eisenbahnverbindung von Ohlsdorf über Poppenbüttel in die Walddörfer betraut war. Doch der zunächst geplante Bau bis Wohldorf bzw. eine „Flügelung" der Linie einerseits nach Wohldorf, andererseits nach Volksdorf wurden nicht realisiert. Hamburg fürchtete durch die Schienenanbindung der an der Strecke liegenden preußischen Gemeinden eine Benachteiligung der Walddörfer, die damals noch Hamburgische Exklaven waren. Einige von ihnen wurden später mit der Walddörferbahn – der heutigen U1 – angebunden. Die Bahn ins Alstertal war somit vor allem eine Infrastrukturmaßnahme, die das mit öffentlichen Verkehrsmitteln bis dahin kaum erreichbare Gebiet für potenzielle Grundstückskäufer interessanter machen sollte. Die 1912 gegründete „Alsterthal-Terrain-Actien-Gesellschaft" widmete sich dann der baulichen Erschließung der von den Grundbesitzern eingebrachten Ländereien mit einer Gesamtfläche von rund vier Millionen Quadratmetern.

Da auch die Alstertalbahn preußisches und hamburgisches Gebiet berührte, trugen die im Frühjahr 1912 erteilten Konzessionsurkunden zum einen die Unterschriften Kaiser Wilhelms II. (als König von Preußen) und des Reichskanzlers Theobald von Bethmann Hollweg, zum anderen die des Hamburger Senators Oskar Martini (als Präses der Finanzdeputation). Im Jahr darauf begannen die Bauarbeiten, gerieten aber durch den Ausbruch des Ersten Weltkriegs bald ins Stocken. Erst im Januar 1918 konnte ein provisorischer Personenverkehr auf der knapp sechs Kilometer langen Strecke mit ihren vier Bahnhöfen aufgenommen werden, bevor 1924 ein zweigleisiger (elektrischer) Regelbetrieb möglich war. Während des Zweiten Weltkriegs waren auf der Strecke bisweilen fahrbare Flugabwehrbatterien im Einsatz. Noch bis 1993 wurde die Strecke zudem für den Gütertransport zum Bahnhof Poppenbüttel benutzt. Anstelle des Güterbahnhofs befindet sich dort heute eines der drei Hamburger S-Bahn-Instandhaltungswerke. Schon seit 1934 wird das Hamburger Schnellbahnsystem offiziell als „S-Bahn" bezeichnet. Diese wird heute von der Deutschen Bahn (DB) betrieben und ist vollständig in den Hamburger Verkehrsverbund (HVV) integriert.

CAFÉS / RESTAURANTS

Café im Herrenhaus
Wellingsbüttler Weg 71
www.cafeimherrenhaus.de
→ *Café in stilvollem Ambiente, auch*
für Veranstaltungen zu mieten

Eiscafé Eiscuisine
Rolfinckstraße 12 A
www.eiscuisine.de
→ *Eisspezialitäten, Kuchen und mehr*

La Casetta
Rolfinckstraße 19
www.restaurant-lacasetta.de
→ *der Italiener in Wellingsbüttel, seit über*
30 Jahren am Standort

Le petit ChocolaThé
Rolfinckstraße 12 A
www.petit-chocolathe.de
→ *feine Süßwaren und Tee*

Restaurant Wellingten
Wellingsbüttler Weg 91
www.wellingten.de
→ *großes Lokal mit Außenterrasse,*
regionale und internationale Küche

LÄDEN

Alster Optik
Rolfinckstraße 11
→ *Fachgeschäft mit Meister-Werkstatt*

Buchhandlung & Antiquariat Friede-
richsen
Wellingsbüttler Weg 134
www.buch-friederichsen.de
→ *1868 gegründete Buchhandlung, seit 1966*
in Wellingsbüttel

das kleine kaufhaus
Rolfinckstraße 22
www.daskleinekaufhaus-
wellingsbuettel.de
→ *schöner Gebrauchtwarenladen zum*
Stöbern

Fahrrad Cohrt
Saseler Chaussee 52
www.fahrrad-cohrt.de
→ *kompetente Beratung in Laden und*
Fachwerkstatt am Rande Wellingsbüttels

Fahrrad Kohn
Wellingsbüttler Weg 38
www.kohn-hamburg.de
→ *vom Gebrauchtrad bis zum E-Bike*

Flowers & More
Rolfinckstraße 5
www.flowers-and-more.com
→ *Floristikfachgeschäft und*
Gartenaccessoires

Glasblasen Achim Rothenberg
Langwisch 13
➜ *Glaskunst am S-Bahnhof Hoheneichen*

Kinderpost Wellingsbüttel
Wellingsbüttler Weg 134
www.kinderpost.org
➜ *gut sortierter Spielwarenladen, seit 1982 in Wellingsbüttel*

Puppenstübchen Wellingsbüttel
Wellingsbüttler Weg 113
➜ *Puppen- und Miniaturenherstellung auf 6 (!) Quadratmetern*

Willer Juwelier
Rolfinckstraße 13
www.willer.de
➜ *eine Institution im Viertel, seit 1928 am gleichen Standort*

Yo Vivo Interiors
Rolfinckstraße 1
www.yovivo-interiors.de
➜ *große Auswahl an Stoffen, Teppichen, Wohnaccessoires u.v.m.*

HOTELS

La Petite Perle
Bramfelder Chaussee 476
www.perle-hotel.de
➜ *kleines, 2013 neueröffnetes Hotel kurz hinter der Grenze zu Bramfeld*

FREIZEIT / SPORT

Tanzetage Hamburg
Saseler Chaussee 19
www.tanzetage-hamburg.de
➜ *breites Kursangebot von Ballett bis HipHop*

KULTUR

Alstertal-Museum im Torhaus Wellingsbüttel
Wellingsbüttler Weg 75 A
www.alsterverein.de / das-alstertal-museum.html
➜ *kleines, feines Museum zur Geschichte des Alstertals*

Atelier Hoheneichen
Langwisch 13
➜ *Malschule und Atelier von Per-Olaf Mademann beim S-Bahnhof Hoheneichen*

Hamburger Volkshochschule im Alstertal
Rolfinckstraße 6 A
www.vhs-hamburg.de / vhs-standorte / vhs-haus-alstertal-475
➜ *verschiedenste Kurse im alten Wellingsbütteler Schulhaus*

Kulturkreis Torhaus
Wellingsbüttler Weg 75
www.kulturkreis-torhaus.de
➜ *Lesungen, Musik, Ausstellungen, Film u.a.*

POPPENBÜTTEL, BERGSTEDT UND SASEL

5

AEZ ★ Plattenhaus ★ Poppenbüttler Schleuse / Burg Henneberg ★ Poppenbüttler Markt ★ Moorhof / Ohlendieck ★ Hohenbuchen ★ Mellingburger Schleife / Schleuse ★ Alte Mühle ★ Variante A: NSG Hainesch / Iland (Nord) ★ Bergstedter Kirche ★ Variante B: NSG Hainesch / Iland (Süd) ★ Saseler Markt ★ Saseler Park

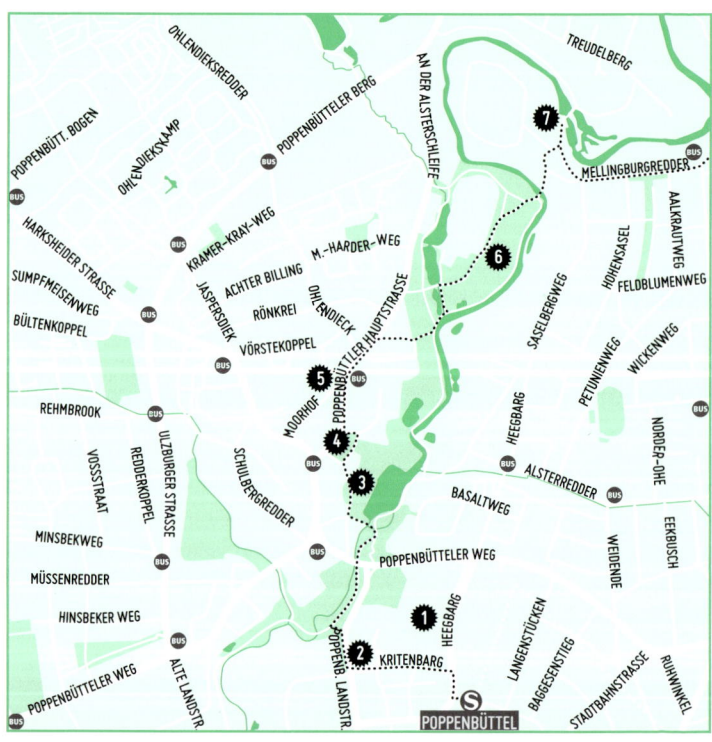

STARTPUNKT: Alstertal-Einkaufszentrum (S1/S11, div. Buslinien)
ENDPUNKT VARIANTE A: Bergstedter Kirche (Buslinien 174, 374, 474, 574)
ENDPUNKT VARIANTE B: Saseler Park (Buslinien 24, 174)
DAUER: etwa 2,5 bis 3 Stunden

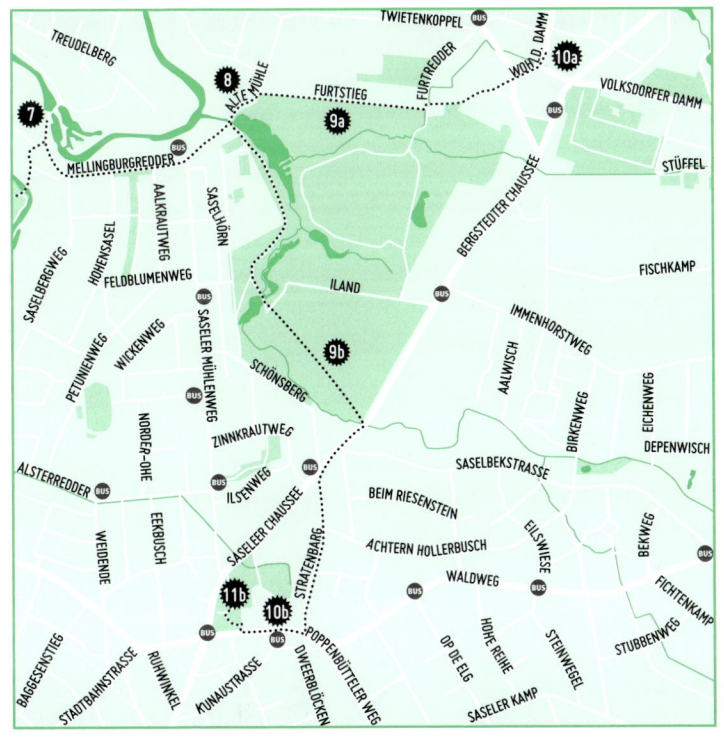

140   Poppenbüttel gilt mit seinen knapp 23 000 Einwohnern als die „Hauptstadt" des Alstertals – nicht nur wegen eines Kundenzentrums (bis 2007: eines Ortsamts) der Stadt Hamburg, des neuen Busbahnhofs (Blunck & Morgen, 2009) und seiner zentralen Bücherhalle, sondern vor allem durch das kolossale Alstertal-Einkaufszentrum. Damit ist dem heute zu beiden Seiten der Oberalster gelegenen Stadtteil neben dem alten Dorf quasi ein zweites Zentrum gewachsen. Die Auswirkungen auf den traditionellen Einzelhandel in den alten Ortskernen des Alstertals waren anfangs zwar gravierend, doch ist aus Schwierigkeiten im Laufe der Jahre ein komplementäres Nebeneinander von Einkaufsmöglichkeiten entstanden. Und auch aus der Historie der alten Dorfgemeinden ist – in Bergstedt und Sasel, den beiden zur Auswahl stehenden Varianten für unsere Tour, noch etwas deutlicher als in Poppenbüttel – trotz des Verlusts einiger historischer Substanz noch manches Relikt der Vergangenheit erkennbar. Dabei hat selbst Bergstedt mit seinen heute rund 10 000 Einwohnern Kleinstadtformat erreicht, was vor allem auf die in den letzten Jahren entstandenen neuen Siedlungen zurückzuführen ist. Sasel wurde dagegen schon seit dem Beginn des 20. Jahrhunderts planmäßig aufgesiedelt.

    Alle drei Stadtteile gehen auf Ansiedlungen zurück, deren Ursprünge jeweils vor ihrer ersten schriftlichen Erwähnung liegen dürften (vgl. Chronik, S. 8). Meist handelte es sich bei diesen Dokumenten um Verkaufsurkunden, im Falle Poppenbüttels etwa um die Übertragung der „Villa Poppelenbotle" an das Hamburger Domkapitel. Diesem wurde 1345 auch Bergstedt verpfändet, dessen Name übrigens nicht etwa auf bergige landschaftliche Gegebenheiten deutet, sondern vermutlich auf den Namen eines Gutsbesitzers oder Gründers (etwa „Beric(h)") und dessen Wohnstätte („-stedt"). Eine Kombination des altsächsischen „sahs" (= Stein) mit der Endsilbe „le" bzw. „loh" (= Lichtung) gilt als wahrscheinlicher Ursprung des Namens Sasel.

    Das gesamte Alstertal hat eine wechselvolle Geschichte mit vielen unterschiedlichen politischen Konstellationen erlebt. So wurde Poppenbüttel etwa erst 1803 aus der seit 1490 bestehenden Zuständigkeit des Hamburger Domkapitels entlassen, um dann unter die von Pinneberg ausgeübte dänische Verwaltung zu geraten. Ab 1867 gehörte der Ort zu Preußen und wurde schließlich, wie Bergstedt und auch Sasel, das ab 1773 dem Herzog von Stormarn und damit dem dänischen Königshaus unterstand, im Zuge der nationalsozialistischen Gebietsreform von 1937/38 der Stadt Hamburg zugeschlagen.

Ein Kennzeichen nicht nur Poppenbüttels ist der im frühen 20. Jahrhundert rasant einsetzende Anstieg der Einwohnerzahlen. Verschiedene Faktoren wie der zunehmende Erholungsbedarf der nahen Großstadt Hamburg, der Bau der Alstertalbahn, die gezielte Aufsiedlung mit Eigenheimen und nicht zuletzt die Aufnahme von Flüchtlingen und Ausgebombten in den Jahren nach dem Zweiten Weltkrieg haben gravierende Wandlungen im sozialen und landschaftlichen Gefüge der Region bewirkt. Einiges davon soll auf diesem Spaziergang erlebbar werden. Unsere Tour führt zunächst vom AEZ in den alten Dorfkern Poppenbüttels. Einen Teil des Weges legen wir dabei auf dem Alsterwanderweg zurück, der hier zwischen der Poppenbütteler und der Mellingburger Schleuse, den beiden ältesten Zeugen des Alsterschiffsverkehrs auf dieser Tour, verläuft. Weiter in die Geschichte Poppenbüttels führt uns die Naturlandschaft entlang unseres Wegs, etwa der unterhalb der einzigen Hamburger Burg gelegene Hennebergpark sowie der etwas nördlichere Hohenbuchenpark, der auch ein kulturell bedeutsamer Ort im Hamburger Nordosten war.

Von der am Saselbek-Zufluss in die Alster erbauten Alten Mühle führt Variante A der Tour am Rande des Naturschutzgebiets Hainesch-Iland nach Bergstedt, das als regionales Kirchspiel von der Mitte des 12. Jahrhunderts bis in die Frühe Neuzeit von großer Bedeutung für Stormarn und das Alstertal war. Der heutige Stadtteil im grünen Nordosten Hamburgs ist ein beliebtes Wohnviertel, das sich seine einst dörflichen Strukturen in mancher Hinsicht bewahrt hat. Variante B führt in einer etwa dreißigminütigen Wanderung – zu einem großen Teil durch Wald – bis nach Sasel, das sich vom holsteinischen Bauerndorf zum Flächenstadtteil mit großem Eigenheimanteil entwickelt hat.

1 ALSTERTAL-EINKAUFSZENTRUM (AEZ)

Von der Fußgängerbrücke beim S- und Bus-Bahnhof (Blunck & Morgen, 2009) sehen wir bereits die Blöcke des Einkaufszentrums. Unser erster Halt ist der Walross-Brunnen (Friedrich Müller-Belecke, 1991) auf der anderen Seite des Heegbargs, wo das ehemalige NDR-Maskottchen „Antje" noch immer in Abständen Wasser speit. Gegenüber erinnert der „Wentzel-Stein" an den „Erschließer des Alstertals", Johann Vincent Wentzel.

Das AEZ ist – nach Vorläufern in Regensburg und Nürnberg – das drittälteste vollklimatisierte Einkaufszentrum Deutschlands und eines der größten Norddeutschlands. Mit seiner Eröffnung am 5. November 1970 erhielt das bis dahin beschauliche Poppenbüttel nicht nur eine Art „Skyline", sondern einen neuen Mittelpunkt. Das „EKZ", das zuletzt 2006 erheblich erweitert worden ist, geht auf Planungen des Unternehmers Werner Otto (1909–2011) aus den 1960er Jahren zurück. Der Gründer des gleichnamigen Versandhauses wollte seine Erfahrungen mit amerikanischen Shopping-Malls in Deutschland umsetzen. Nachdem ein in Meiendorf vorgesehener Standort an Widerständen aus der Politik und von Gewerbetreibenden scheiterte, fiel die Wahl auf das Poppenbütteler Grundstück. Das damals noch bebaute Gelände wurde innerhalb kurzer Zeit freigemacht, und schon im August 1970 wurde Richtfest gefeiert. Ein halbes Jahr später war der benachbarte achtstöckige Block mit 122 Wohnungen und integrierter Ladenzeile fertiggestellt, der zusammen mit dem Kaufhofgebäude – dem früheren Otto-SB-Warenhaus – den großen Vorplatz begrenzte. Mit dem Wohnblock erhielt das Zentrum „auf der grünen Wiese" einen funktionalen Anschluss für die Bevölkerung vor Ort.

Aus den anfangs 70 Einzelhandelsgeschäften des AEZ sind bis heute 240 geworden, die wetterunabhängiges Flanieren und „Shoppen" auf einer Fläche von rund 60 000 Quadratmetern ermöglichen. Damit ist das AEZ um fast ein Drittel größer als sein Gegenstück im Hamburger Westen – das 1966 in Osdorf eröffnete Elbe-Einkaufszentrum (EEZ). Betrieben

1+2 MIRMIR–BRUNNEN VOR DEM AEZ UND STATUE WERNER OTTO

wird es von der Immobilien-Gesellschaft ECE, dem europaweit führen-
den Center-Entwickler und zugleich größten Unternehmen des Alstertals.
Sein Hauptsitz ist nur wenige Hundert Meter entfernt, gegenüber den
schlanken roten Skulpturen im „Mirmir-Brunnen" (Abb. 1) des Bildhauers
Zoyt (= Hans-Peter Conen). Auf dem Platz vor dem ECE-Haus erinnert ein
figuratives Denkmal an Werner Otto (Bernd Stöcker, 2009, Abb. 2).

Schlagzeilen machte Poppenbüttel im Herbst 1971, einer frühen Phase
des Terrorismus der „Roten Armee Fraktion" (RAF): Als am 22. Oktober
zwei Hamburger Polizeibeamte bei einer nächtlichen Streifenfahrt am
Heegbarg drei ihnen verdächtige Personen kontrollieren wollen, werden
sie beschossen. Der 33-jährige Polizist Norbert Schmid wird tödlich getroffen, sein Kollege Heinz-Ruthard Lemke verletzt. Bei den Flüchtenden
handelt es sich um die drei gesuchten RAF-Mitglieder Ulrike Meinhof,
Margrit Schiller und Gerhard Müller. Dieser soll die Schüsse abgegeben

144   haben, wird aber später in der Sache freigesprochen. Die Tat ist der erste Polizistenmord der RAF und bleibt letztlich unaufgeklärt. Einige Jahre später wurde ein großer Platz am Tegelsbarg (vgl. Tour 3, Station 1) nach Norbert Schmid benannt.

Wir gehen nun links vorbei am Kaufhof-Gebäude zur Gedenkstätte Plattenhaus.

 **PLATTENHAUS**

Zwischen September 1944 und Mai 1945 bestand in Sasel nahe der Mellingburger Schleuse ein Außenlager des Konzentrationslagers Neuengamme. Interniert waren dort rund 500 weibliche Häftlinge, meist polnische Jüdinnen, die man aus dem Getto in Lodz und dem Lager Auschwitz-Birkenau nach Hamburg transportiert hatte. Hier wurden sie u.a. zu Aufräumarbeiten in der teilzerstörten Innenstadt gezwungen sowie zur Produktion von Betonplatten aus Trümmerschutt, die als Material für Behelfsunterkünfte dienten. In Poppenbüttel wurde die größte dieser Plattenbausiedlungen („Plattenbüttel") errichtet: 76 Doppel- und vier Einzelhäuser. Vor dem letzten erhaltenen Siedlungshaus stehen wir nun.

In dem unscheinbaren, seit 1984 unter Denkmalschutz stehenden Gebäude befanden sich ursprünglich zwei bescheidene Wohnungen, deren Aufbau im rechten Gebäudeteil mit originalen Möbeln und Gegenständen von 1944 nachempfunden ist. In der anderen Hälfte ist eine Gedenkstätte in städtischer Trägerschaft untergebracht, die im Rahmen einer ständigen Ausstellung u.a. über die Geschichte der Hamburger Frauenaußenlager des KZ Neuengamme und die Verfolgung von Frauen in der Nazizeit informiert. Noch Ende der 1960er Jahre war die Siedlung bewohnt; bis zum Abriss wurde sie von der Gemeinnützigen Siedlungs AG Hamburg (SAGA) verwaltet.

Die Zwangsarbeiterinnen hatten unter schlechten Arbeitsbedingungen und teils auch unter der Schikane von SS-Bediensteten zu leiden. Nachdem das Saseler Lager am 7. April 1945 von der SS geräumt worden war, wurden die Frauen in das KZ Bergen-Belsen deportiert, wo viele noch kurz vor Kriegsende starben. – Vier Straßen in der Nähe des Busbahnhofs sind heute nach Widerstandskämpfern gegen den Nationalsozialismus benannt. Die links vor dem Plattenhaus stehende Skulptur „Friedensbaum"

3 BÄCKERBRÜCKE, 1905

(Franz Vollert, 1989) soll sowohl an das Schicksal der Zwangsarbeiterinnen erinnern als auch Warnung vor den Schrecken des Krieges sein.

Wir überqueren nun zunächst die Poppenbüttler Landstraße bei der Ampel – wo sich ein gelber Richtungspfeil des Hamburger Wandervereins e.V. findet –, halten uns rechts und gehen nach einigen Metern links die Treppe hinab zum Alsterwanderweg.

3 POPPENBÜTTLER SCHLEUSE/BURG HENNEBERG

Von der Treppe aus sehen wir rechts die Bäckerbrücke, früher der südöstliche Zugang zum Dorf Poppenbüttel und ein wichtiger Transportweg (Abb. 3). Vom 16. Jahrhundert an war die Brücke im Besitz Hamburgs (für den Alsterlauf mit allen Schleusen galt dies bereits seit dem frühen 14. Jahrhundert). Ab 1803, als Poppenbüttel für kurze Zeit an die dänische Krone fiel, wurden hier sogar Ein- und Ausfuhrzölle erhoben. Unterhalb der Brücke gelangen wir zur Poppenbüttler Schleuse, einem Zeugnis des fast vierhundertjährigen Frachtschiffverkehrs auf der Alster (vgl. Exkurs „Kleine Geschichte der Alsterschifffahrt", S. 204).

Die Schleuse war ursprünglich – wie die nördlich gelegene Mellingburger noch heute – eine Doppelschleuse: Sie hatte also zwei Tore und ein dazwischen liegendes Becken. Über die obere Hauptschleuse (vor der

Poppenbüttel.

Gasthaus * * * *
Zur Schleuse

Reizend am Alster-Ufer neben den stets
rauschenden Wasserfall der Schleuse gelegen.
Idyllischer Garten mit ungestörten Sitzen.
Touristen, Vereinen und Schulen warm zu
empfohlen.

Herrliche Ruderpartie bis zur Mellenburg,
3 Boote zur Verfügung.

Mässige Preise bei sofortiger Bedienung.

Hiesige und fremde Biere.

Belegte Butterbröte.

Specialität:
Rührei mit Schinken
à Couvert 1.20 Mk.
In nächster Umgebung herrliche sonnige und
schattige Spaziergänge.

Achtungsvoll
Wilhelm Schleu.

4+5 STAUSEITE DER HAUPT- UND NOTSCHLEUSE, UM 1900, UND GASTHOF „ZUR SCHLEUSE",
ANZEIGE 1901

wir stehen) verlief immer ein Fußweg, während das bei der Bäckerbrücke
gelegene Tor von einer Fahrstraße überspannt war. Zur Regulierung des
Wasserstands dienten in den Toren angebrachte Schütten, die mit Seil-
winden gehoben und versenkt werden konnten. Zu den Hauptaufgaben
der Schleusen gehörte es, einerseits durch Aufstauung für ausreichende
Wassertiefe zu sorgen und zum anderen flussabwärts fahrenden Schiffen
durch Öffnung der Tore zusätzlichen Anschub zu verleihen. In Poppenbüttel soll eine Schleusenanlage mindestens seit dem frühen 16. Jahrhundert existiert haben. Die jetzige geht – häufig verändert – auf das Jahr 1836
zurück (Abb. 4).

Ungefähr am Standort des heutigen Restaurants an der Schleusen-
Nordseite stand ehemals das Haus des Schleusenmeisters. Traditionell besaßen die Schleusenmeister Schankrecht und durften somit Alsterschiffer
während der Wartezeiten zumindest mit Getränken versorgen. Auch war
ihnen, die ja in Hamburgischen Diensten standen, anders als den Einwohnern Poppenbüttels das Fischen in der Alster – also auf Hamburger
Gebiet – erlaubt. Doch Schank- und Fischereirecht waren Zubrote: Jeder
Schleusenmeister erhielt für seine Arbeit ein reguläres Entgelt und für

jede flussabwärts gehende Durchfahrt Abgaben der Schiffer. Im Gegenzug war eine Miete an den Hamburger Rat zu entrichten. Ein späterer Inhaber des Lokals „Zur Schleuse" hieß übrigens passenderweise Schleu (Abb. 5).

Oberhalb des Schleusenteichs fällt ein Hamburger Kuriosum ins Auge: die Miniatur-Burg Henneberg. Ihr Bau geht zurück auf die gleichnamige Familie, die sich um die Mitte des 19. Jahrhunderts in Poppenbüttel einkaufte. Gehörte ihr 1855 zunächst der alte, im Dorf gelegene Poppenbütteler Hof, konnten die Hennebergs wenige Jahre später ihren Besitz durch Zukäufe erheblich ausweiten und daraus bis 1877 den größten Landwirtschaftsbetrieb der Gegend machen. Dem Wirtschaftsgebäude am Dorfplatz (dem heutigen Poppenbüttler Markt) ließen Albert Cäsar (1818–1896) und sein Vetter Bruno Henneberg (1830–1899) im Jahr 1880 ein noch bestehendes Arboretum (von lat. „arbor" = Baum) folgen, einen Strauch- und Gehölzpark in einem Garten englischen Stils (vgl. Station 4). Gekrönt wurde dieses Ensemble – zu Ehren von Hennebergs Frau „Marienhof" genannt – durch den Bau der Burg ab 1884, einer Nachbildung der thüringischen Stammburg der Hennebergs.

Wie ein später, romantisch inspirierter Rückgriff auf das Mittelalter steht sie auf dem 15 Meter hohen, künstlich angelegten „Burgberg": ein Hauptgebäude mit „Rittersaal" (30 Quadratmeter) und stilisierten Ruinen, 11 Meter hohem Bergfried und vorgelagerter Bastion. Die Turmplattform, zu der eine hölzerne Wendeltreppe führt, soll bei dem anfänglich geringen Baumbestand einen phänomenalen Blick bis nach Hamburg ermöglicht haben. Nach dem Verkauf an die Stadt Hamburg Anfang der 1940er Jahre verfiel die Burg, wurde aber durch einen Privatinvestor erhalten. Seit 1991 steht sie unter Denkmalschutz und ist heute im Besitz einer gemeinnützigen Stiftung, die hier zu kulturellen Veranstaltungen einlädt. Nur zu deren Besuch ist das Gelände zugänglich.

Wir gehen nun die Straße Marienhof (früher: Burgberg) hoch bis zum Poppenbüttler Markt. Dabei kommen wir am rechts liegenden Gehölzpark vorbei, der an kleinen Hinweistafeln an Bäumen und Pflanzen erkennbar ist.

6 GASTHOF KROGMANN AM POPPENBÜTTLER MARKT, UM 1920

4 POPPENBÜTTLER MARKT

Noch zu Beginn des 19. Jahrhunderts war der frühere Dorfmittelpunkt u.a. von sieben großen Bauernhöfen („Vollhufen") umstanden, dann auch von einem Pastorenhaus (später in Hennebergschem Besitz und 1942 zerstört) und dem Domherrenhaus, das Gerichtsort und zeitweilig Wohnsitz der Mitglieder des Hamburger Domkapitels war. Albert Henneberg ließ es später zum Herrenhaus „Marienhof" erweitern (abgerissen 1922). Auf dem Anger trieb man lange noch abends das Vieh zusammen. Ab 1825 wurden mehrere Höfe zu einem Gut zusammengeschlossen, aus denen später der Hennebergsche Landsitz mit einer Größe von mehr als 400 Hektar hervorging.

Auf dem heute begrünten Platz wurde ab 1840 regelmäßig Markt abgehalten, der anfangs vor allem dem Waren- und Viehhandel, später dann allein dem Amüsement diente – von Gesang und Tanz bis zu erotischen Dienstleistungen wurde manches geboten. Geblieben ist vom bunten Treiben heute das jährliche Pfingstfest. Verschwunden ist hingegen das Kino, das im „Krogmannschen Gasthof am Markt" (heute Standort eines Supermarkts) untergebracht war (Abb. 6): Von 1946 bis zur Schließung 1961 sorgten hier die „Poppenbütteler Lichtspiele" mit 400 Plätzen für cineastische Unterhaltung (vgl. Exkurs „Kino und Film im Alstertal", S. 150).

Der Eingang zum Arboretum liegt in der östlichen Platzecke. Vor allem Otto Henneberg (1905–1986), der Enkel des Gutsbesitzers Bruno Henneberg, hat zum Ausbau der Sammlung beigetragen, die zeitweilig mehrere Hundert, teils exotische Arten aufwies. Neben manchen Buchen- und Zypressenarten finden sich wertvolle Einzelbäume wie eine rund 150 Jahre alte Gurkenmagnolie, ein Ginkgo, ein Tulpen- und selbst ein Mammutbaum. Der Wert der Pflanzen und der hohe Pflegebedarf machten es zwar nötig, das Arboretum für den Publikumsverkehr zu schließen, angemeldete Gruppenführungen sind aber möglich. Otto Henneberg, der sich wegen seiner Verdienste um den Stadtteil später Henneberg-Poppenbüttel nennen durfte, gelang es übrigens, mit einer Sondergenehmigung des Hamburger Senats in seinem eigenen Park bestattet zu werden. Das Familiengrab der Hennebergs befindet sich auf dem Bergstedter Friedhof (Abb. 7).

Auf dem Dorfplatz wurde am 27. März 1897 der „Kaiserstein" anlässlich des hundertsten Geburtstags Kaiser Wilhelms I eingeweiht. Ein schlichterer Stein erinnert an Alexander Kähler (1805–1890), einen der Besitzer des Gutes Hohenbuchen (vgl. Station 6) und Stifter der noch heute am Platz stehenden Linden.

Die auf dem Gelände des früheren Poppenbütteler Hofs errichtete

7 GEDENKSTEIN O. HENNEBERG–POPPENBÜTTEL AUF DEM BERGSTEDTER FRIEDHOF

150

8 TURM DER POPPENBÜTTELER
MARKTKIRCHE

Marktkirche mit ihrem vierzig Meter hohen Turm (Abb. 8) wurde erst 1956 eingeweiht, ist aber die älteste der drei zur Gemeinde Poppenbüttel gehörenden evangelisch-lutherischen Kirchen (Simon-Petrus-Kirche, 1964; Philemon-Kirche, 1968). (Die katholische Kirche St. Bernhard an der Straße Langenstücken stammt von 1955.) Wie viele Dörfer des mittleren Alstertals war auch Poppenbüttel lange dem Bergstedter Urkirchspiel (vgl. Station 10 a) zugeordnet, bis die Gemeinde 1948 selbständig wurde. Im Inneren des Kirchenschiffs ist bei Gottesdiensten eine von Otto Flath (1906–1987) geschaffene hölzerne Darstellung des Abendmahls Jesu zu sehen.

Wir gehen nun rechts die Poppenbüttler Hauptstraße entlang bis zum Moorhof.

KINO UND FILM IM ALSTERTAL

Kinofans haben es heute schwer im Alstertal: Wie überall wurden auch hier seit den 1960er Jahren Filmtheater geschlossen, weil das Fernsehen als Konkurrenz übermächtig wurde. Nicht anders sah es in der Nachbarschaft aus, etwa in Fuhlsbüttel, Langenhorn oder Alsterdorf, und selbst im großen Barmbek existiert heute nur noch ein Kino-Center. Einmal im Monat immerhin gibt es Kino im Wellingsbütteler Torhaus, und seit neuestem sind – im gleichen Turnus – auch auf Burg Henneberg Filme im Originalton zu sehen. Sonst müssen Alstertaler Kinogänger jedoch einen längeren Weg in Kauf nehmen: nach Volksdorf („Koralle"), Wandsbek („CinemaxX"), Winterhude („Alabama" und „Magazin") oder in die schleswig-holsteinischen Gemeinden Bargteheide („Cinema Paradiso") und Norderstedt („Spectrum"), wenn sie sich nicht gleich in weiter entfernte Viertel aufmachen, wo das Angebot größer und dichter ist.

Doch es gab sie, die Kinos im Alstertal. Viele waren zunächst in Gasthöfen untergebracht, wie die „Poppenbütteler Lichtspiele" am Markt (432 Plätze, 1966 geschlossen), das Wellingsbütteler „Titania-Theater" im „Grünen Jäger" (Saseler Chaussee 30; 300 Plätze, 1969 geschlossen) oder das nach der gleichnamigen Gaststätte „Waldesruh" benannte Kino am Wellingsbüttler Weg 56 (nach Umbau 345 Plätze) – es wurde 1964 geschlossen, das Gebäude abgerissen. Die „Tina-Lichtspiele" an der Saseler Chaussee 160 (430 Plätze, 1972 geschlossen) folgten auf die schon 1930 im Saseler „Lindenhof" eröffneten und bis 1955 so genannten „Saseler Lichtspiele". Bereits 1958 schloss – mit Ernst Marischkas „Sissi, Schicksalsjahre einer Kaiserin" – das kleine Kino in der Hummelsbüttler Hauptstraße 7: Zunächst unter dem Namen „Ultra-Lichtspiele" geführt, wurde es nach einem Brand geschlossen, als „Dixi-Filmtheater" wieder eröffnet, erneut umbenannt in „Helios-Lichtspiele", um schließlich als „Dixi" zu enden. Alsterdorf brachte es auf zwei Kinostätten an der Alsterdorfer Straße 60–62 („Alster-Lichtspiele", 672 Plätze, 1966 geschlossen) und 300 („Alsterburg-Lichtspiele", 1967 geschlossen), in Fuhlsbüttel bestanden die „Alstertal-Lichtspiele" (Ratsmühlendamm 17, dann Erdkampsweg 1–3) bis 1966.

Wenn auch kein Kinostandort mehr, war das Alstertal doch ein häufiger Film-Schauplatz – in der Fiktion. Denn die zwischen 1998 und 2004 vom NDR produzierte Kinderfernsehserie „Die Kinder vom Alstertal" (Regie: Monika Zinnenberg) spielt zwar auf einem Gutshof im Hamburger Nordosten (samt U-Bahn-Anschluss), wurde aber nicht hier gedreht. Vielmehr entstanden die meisten Szenen der insgesamt 52 Folgen auf zwei Höfen in der Nähe des niedersächsischen Städtchens Soltau, während im Oberalstergebiet lediglich vereinzelte Außenszenen gedreht wurden.

Die „Vera-Filmwerke GmbH" (später: „AG") in Alsterdorf dagegen waren die erste Filmproduktionsstätte Hamburgs (vgl. Tour 1,

Station 3). Von 1920 an wurden an der Alsterkrugchaussee vor allem Stummfilme produziert, mit damals berühmten Darstellern wie Emil Jannings oder Werner Krauß. Doch der Erfolg war nicht von langer Dauer: Schon nach rund zehn Jahren musste die Firma Konkurs anmelden, und die Studios wurden später abgerissen (vgl. Tour 1). Dagegen existierten die „Alster-Film-Studios" am Melhopweg 26 – also in der ländlichen Abgeschiedenheit Ohlstedts – immerhin einige Jahrzehnte, nämlich von 1946 bis 1994. Sie haben einiges zur Geschichte der Kino- und Fernseh-, aber auch der Werbefilmproduktion beigetragen. Mit Billigung der britischen Militärregierung von Wilhelm Breckwoldt und Franz Wigankow gegründet, wurden in den Studios unter teils schwierigen technischen Verhältnissen zunächst vor allem englische Produktionen synchronisiert, die dann in den noch verbliebenen Kinos gezeigt wurden. Zusammen mit dem kurz darauf eingerichteten „Atlantik Film Kopierwerk" (seit 2012 geschlossen) waren die Studios damals im ehemaligen Gasthof „Ohlstedter Hof" untergebracht. Später wurden hier internationale Produktionen von bekannten Schauspielern synchronisiert, neben diversen Spielfilmen u.a. auch die rund hundert Folgen der amerikanischen Westernserie „Bonanza". Politiker wie Konrad Adenauer und Helmut Schmidt ließen Wahlwerbung vertonen, Prominente wie Franz Beckenbauer oder Peter Ustinov machten Werbung. Ein letzter, mit Preisen bedachter Höhepunkt für die Studios war 1980 die Bearbeitung von Wolfgang Petersens Film „Das Boot". Wegen wirtschaftlicher Schwierigkeiten – auch im Gefolge des entstehenden Privatfernsehens – wurden die Alster Studios als eigenständige Firma 1994 aufgelöst. Filmsynchronisation wird von Nachfolgefirmen aber auch heute noch im Alstertal betrieben, und für den Kinofreund halten die monatlichen Filmabende im Wellingsbüttler Torhaus bisweilen auch ein Überraschungsmoment parat: Aus werbungsrechtlichen Gründen dürfen die Titel der Filme nämlich vorab nicht genannt werden.

5 MOORHOF/OHLENDIECK

Die Kreuzung beider Straßen bildete einst das erste kommerzielle Zentrum des alten Dorfs. Um 1900 erweiterte sich dort mit dem Anstieg der Einwohnerzahlen auch das Warenangebot. Im Eckhaus Moorhof / Poppenbüttler Hauptstraße arbeitete mit dem Kaufhaus Peters sogar eine Art früher „Filialist", mit Zweigstellen in Groß Borstel, Langenhorn und Bramfeld. Sein Inhaber Gerdt Peters verkaufte um die vorletzte Jahrhundertwende nicht nur Garderobe, Betten, Nippes und Schmuck, sondern betrieb auch eine „Fahrrad-Bau- und Reparatur-Anstalt" – das Radfahren wurde populär. Am Standort des Elektrofachhandels gegenüber befand sich ein Kolonialwarenladen, der im Zeichen der Motorisierung bald um eine Tanksäule erweitert wurde. Auch das Haus des Gemeindevorstehers sowie ein Gasthof, der nicht nur sein Bier, sondern auch „Milch von eigenen Kühen" anpries, lagen in der Nähe. Gerdt Peters übrigens produzierte in seinem eigenen Verlag Postkarten mit Ansichten des Alstertals, die weite Verbreitung fanden und heute die Vergangenheit anschaulich machen.

Im Moorhof, einer der ältesten Straßen Poppenbüttels, deren Name sich von einer Torfstecherei ableiten könnte, lebte der Malermeister Harstall. Im noch erhaltenen Haus Nr. 4 hatte er sich und seiner Familie 1886 ein Wohnhaus gebaut (Abb. 9). Harstall zog mit einem Karren über Land, um seine Arbeiten auszuführen. In seiner Werkstatt lackierte er u.a. die Pferdewagen, mit denen von Hohenbuchen aus die dort hergestellte Milch bis nach Hamburg geliefert wurde (vgl. Station 6).

9 EHEMALIGES WOHNHAUS DES MALERS HARSTALL

Beim Haus mit dem Schriftzug der alten Schlachterei Lohmeier biegen wir rechts in die Alsterfurt ab und gelangen so auf den Alsterwanderweg links in den Hohenbuchenpark.

10 ALSTERSCHLEIFE BEI DER MELLINGBURGER SCHLEUSE, UNBEKANNTER MALER, 19. JAHRHUNDERT

6 HOHENBUCHEN

Der elf Hektar große Park mit schönem Buchen-, Eichen-, Birken- und Eschenbestand liegt auf einer Art Halbinsel zwischen der von Nordwesten kommenden Mellingbek und der Alster, die flussaufwärts in der Mellingburger Schleife verläuft (Abb. 10).

Hinter der Holzbrücke wählen wir den linken Weg und gehen an der Mellingbek und einem früheren Hofteich entlang. An der nächsten Abzweigung halten wir uns rechts und können nun bei einem kleinen Gang den Park auf uns wirken lassen oder uns auf einer Bank über seine Geschichte informieren.

Diese war durchaus wechselvoll. Schon im 17. Jahrhundert wurden an der Mellingbek Mühlen betrieben: die „obere" am Kupferteich (beim heu-

11 HERRENHAUS IM HOHENBUCHENPARK, UM 1910

tigen Golfclub Treudelberg) und eine „untere" am Hofteich des damals noch Mühlenhof genannten Geländes. Im Jahr 1763 erwarb der Hamburger Kaufmann Hinrich Christian Olde (1727–1789) die Mühlen, um sie zur Kupfer-, später auch zur Silberverarbeitung zu nutzen. Ab den 1780er Jahren wurden die Werke zeitweilig zur wichtigsten Münzstätte des dänischen Gesamtstaats, der bei Olde in großer Menge Talermünzen für den Silberfonds der Altonaer Speziesbank prägen ließ. Privat züchtete Olde Pfirsiche und Melonen in seiner Orangerie an der Alster und legte einen englischen Garten an. Sein Haus wurde zum Treffpunkt für Hamburger Literatenkreise: Besuche von Matthias Claudius, Friedrich Gottlieb Klopstock, Gotthold Ephraim Lessing und Moses Mendelssohn sind überliefert, und der dänische Dichter Jens Baggesen (1764–1826) beschrieb in humoristischen Reiseaufzeichnungen eine Bootsfahrt auf dem Alsterlauf, dem „Ocean um Poppenbüttel …".

Der „sprechende" Name „Hohenbuchen" soll indes von dem Altonaer Kaufmann und späteren Hamburger Senator Alexander Kähler (vgl. Station 4) stammen. Er kaufte das Gut 1849 und ließ im Park ein Herrenhaus errichten (Abb. 11), wohl da, wo sich heute die Kindertagesstätte Hohenbuchen befindet. Die Pflanzung einiger exotischer Nadelbäume geht wohl ebenfalls auf Kähler zurück, der auch eine Baumschule einrichten ließ. Die alte Silbermühle baute er zur Seifenfabrik um, betrieb eine Sägerei und gründete 1864 an der heutigen Saseler Chaussee eine Ziegelei, die bis 1915 bestand.

Als Eduard Lippert (1844–1925), der in Südafrika durch den Handel mit Gold- und Diamanten reich geworden war, das Gut 1896 erwarb, schloss er den Park für die Öffentlichkeit und ließ im Turm des Herrenhauses eine Sternwarte einrichten. Der noch heute im Bergedorfer Wissenschaftspark zu besichtigende „Lippert-Astrograph" ist eine Spende des begeisterten Hobby-Astronomen. – Das kinderlose Ehepaar Lippert engagierte sich für Mütter, Kinder und Säuglinge, stieg in die Milchproduktion ein und produzierte eine keimfreie, fettarme und für Kinder besonders geeignete „Controll-Kindermilch". Die Milchproduktion wurde 1936 eingestellt, das Herrenhaus war schon zwei Jahre zuvor abgerissen worden.

12 GEDENKTAFEL FÜR ANDRZEJ SZABLEWSKI

Nach dem Kauf des Gutes durch die Stadt Hamburg 1938 änderten sich die Verhältnisse drastisch. Der neue Verwalter stand im Rang eines NSDAP-Ortsbauernführers und beschäftigte polnische Zwangsarbeiter. Als einem von diesen, Andrzej Szablewski, ein Verhältnis mit einer verheirateten Frau aus Poppenbüttel unterstellt wurde, kam es zu Festnahmen. Die beschuldigte Frau wurde im KZ Ravensbrück interniert und kam erst bei Kriegsende frei. Szablewski wurde am 13. März 1942 im Hohenbuchenpark von der Gestapo öffentlich und im Beisein von 200 Zwangsarbeitern an einem Baum erhängt. Die Tatbeteiligten wurden nach 1945 von einem englischen Gericht zum Tode verurteilt bzw. begingen Selbstmord in der Haft. An die Ermordung Szablewskis erinnern seit 2003 eine Gedenktafel am mittleren Parkweg (Abb. 12) sowie seit 2016 ein Stolperstein vor dem Eingang zur Kita.

Nachdem zwischenzeitlich die „Alsterdorfer Anstalten" Teile der alten Gutsfläche gepachtet hatten, betreibt im Park seit vielen Jahren der „Hohenbuchen LernOrt Natur e.V." ökologischen Land- und Gartenbau mit behinderten und nichtbehinderten Kindern und Jugendlichen. Kleine Biogärten werden zur Bewirtschaftung an Privatpersonen vergeben und saisonale Produkte im eigenen Hofladen verkauft.

Wir setzen unseren Weg auf dem Alsterwanderweg fort: zunächst ein Stück durch den Wald, dann rechts über eine weitere Brücke, hinter der wir links hoch zum Saselbergweg gehen.

7 MELLINGBURGER SCHLEIFE/SCHLEUSE

Wir haben nun bereits Saseler Gebiet erreicht. Bei beiden Gabelungen hinter der Brücke wählen wir den linken Weg, der am Rande des Naturschutzgebiets (NSG) Mellingburger Schleife nach oben führt. Dieses Gelände steht unter der Verwaltung des NABU (Naturschutzbund Deutschland) und ist nicht öffentlich, aber im Rahmen naturkundlicher Führungen zugänglich (Infotafel am Wegende).

Die Mellingburger Alsterschleife ist benannt nach einer vermutlich im 9. Jahrhundert oder früher hier angelegten Erdhügel-Fluchtburg, von der außer einem kreisrunden, einst wohl drei Meter hohen Hauptwall nichts erhalten ist. Die Anlage war also nicht permanent bewohnt, sondern diente den Bewohnern der Gegend bei kriegerischen Übergrif-

13 MELLINGBURGER SCHLEUSE, UM 1915

fen als Zufluchtsort, dessen schützende Wälle sich dann auch verstärken und erhöhen ließen. Den prosaischen Fakten zum Trotz hat diese Gegend immer wieder zu Sagen und Mythen Anlass gegeben. Der Poppenbütteler Lokalhistoriker Ludwig Frahm (1856–1936, vgl. Leute aus Alsterdorf und dem Alstertal, S. 98) dichtete:

Rauhen Riesen einst Herberge,
Heimliches Nest der Zwerge,
Unfindbare Treppenstiege,
Dunkler Gang mit goldner Wiege,
Ritterburg mit hohen Wällen,
Widerpart den Raubgesellen,
Ordnungsaufstieg, Hansagröße,
Handelsschiffahrt, große Flöße,

Mondscheinfischzug, zentnerschwer –
Sagensucher, willst du mehr?

Oben ist, etwa vom Restaurant „Mellingburger Schleuse" aus, die 1528 angelegte, in ihrer heutigen Form auf das Jahr 1835 zurückgehende Doppelschleuse zu sehen (Abb. 13). Als einzige des Alstertals ist sie später nicht durch eine Betonkonstruktion ersetzt worden und bietet somit ein recht authentisches Bild vergangener Alsterschifffahrtszeiten. Heute herrscht auch hier Freizeitbetrieb, wie die kleine Bootsrampe unterhalb des Restaurants zeigt. Über die linke Schleuse führt der Alsterwanderweg weiter in Richtung Lemsahl-Mellingstedt und hoch zum Treudelberg. Wir setzen unsere Tour jedoch am Mellingburgredder fort, den wir nach wenigen Metern an der Kreuzung erreichen.

Die Häuser am Mellingburgredder entstammen verschiedenen Bebauungsphasen. Während die zum Alsterlauf ausgerichteten Häuser größtenteils am Ende des 19. Jahrhunderts entstanden, war die Saseler Seite bis 1945 kaum bebaut und recht einsam. Beides wird dazu beigetragen haben, die schon erwähnte KZ-Außenstelle hier einzurichten. Von ihr ist freilich nichts mehr zu sehen, da nach der Evakuierung des Lagers und kurzer Zwischennutzung alle Gebäude und Anlagen abgerissen wurden und das Gelände später mit Wohnhäusern bebaut wurde. Erst als eine Klasse des Saseler Gymnasiums Oberalster mit ihrem Lehrer die Geschichte des Lagers erforschte, wurde sie einer breiteren lokalen Öffentlichkeit wieder bekannt. An der Ecke Petunienweg und Feldblumenweg steht heute ein Gedenkstein (Abb. 14).

Wir gehen den Mellingburgredder geradeaus weiter und kommen in der Verlängerung zur Alten Mühle.

 **ALTE MÜHLE**

Das malerisch an einem Mühlenteich gelegene Gebäudeensemble (Abb. 15) ist geografisch zwischen Poppenbüttel und dem östlichen Ausläufer der

14+15 GEDENKSTEIN FÜR DAS EHEMALIGE KZ-AUSSENLAGER SASEL UND ALTE MÜHLE BERGSTEDT

Walddörfer zu verorten. Etwa in der Mitte liegen Bergstedt und, etwas weiter südlich, Sasel, die beiden alternativen Ziele unserer Tour.

Ein Mühlenbetrieb ist an dieser Stelle für den Beginn des 17. Jahrhunderts nachweisbar, hat aber vermutlich schon früher bestanden. Dabei wurde immer das Gefälle der gestauten Saselbek genutzt, die, vom Volksdorfer Allhorndiek (Diek = Teich) kommend, nur einen Steinwurf westlich unseres Standorts in die Alster mündet. Ursprünglich kam das Recht, eine Mühle einzurichten, jedem Grundbesitzer zu, dessen Land einen Wasserlauf aufwies. Dabei sicherte ein schon im Mittelalter entstandenes Bannrecht quasi die Existenz, war damit doch den Bewohnern eines streng umgrenzten Gebietes die Benutzung bestimmter Gewerbebetriebe – also auch Mühlen – vorgeschrieben („Mühlenzwang"). Einem solchen Recht unterstanden im Alstertal noch bis weit ins 19. Jahrhundert die Einwohner von Alsterdorf, Meiendorf, Bramfeld, Steilshoop und Oldenfelde, die der Alten Mühle zugeordnet waren, während etwa Bergstedt und Sasel der weiter nördlich gelegenen Rodenbeker Mühle zwangsverpflichtet waren (Poppenbüttel und Wellingsbüttel besaßen eigene Mühlen). Wegen zahlreicher Streitigkeiten und Konflikte wurde der Mühlenzwang Anfang der 1820er Jahre für das hamburgische Gebiet beseitigt, 1853 für das holsteinische.

Die Alte Mühle war u.a. Pulver- und Lohmühle, ab 1695 wurde hier auch Korn gemahlen; sehr viel später ersetzte eine Turbine das alte Schaufelrad.

Nach Umbauten und mehreren Bränden wurde 1880 das noch heute existierende, aus Arbeits- und Wohnbereich bestehende Hauptgebäude aus gelben Trilluper Ziegeln errichtet. In dieser Zeit entstand auch eine erste Restauration, und erst 1969 wurde der Mühlenbetrieb stillgelegt. Heute werden die Gebäude – außer dem Haupthaus noch Kate, Diele und das sogenannte „Haus am See" – ausschließlich gastronomisch genutzt. Seit 1737 ist der Betrieb im Besitz *einer* Familie.

Das Mühlen- und Wohnhaus steht mit seinen Nebengebäuden und dem Mühlenteich als Gesamtensemble unter Denkmalschutz. Es ist auch eines der letzten Beispiele für das einst reiche Mühlenwesen am Lauf der Alster, deren Wasser noch um 1910 von 13 Mühlen genutzt wurde. Zum Denkmalensemble gehört nicht zuletzt die Straße „Alte Mühle" selbst, die auf dem alten Mühlendamm verläuft und deren aus dem 19. Jahrhundert stammende Pflasterung zum großen Teil original erhalten ist.

→ **VARIANTE A: FORTSETZUNG DER TOUR BIS BERGSTEDT**

Für eine Fortsetzung der Wanderung bis Bergstedt gehen wir ein Stück weiter auf der Straße und biegen nach etwa 300 Metern rechts in den Furtstieg ein, der am nördlichen Rand des Naturschutzgebietes Hainesch/Iland entlangführt. Um die Tour in Sasel zu beenden (Variante B), wählen wir den Weg links neben dem „Haus am See" und begeben uns – am südlichen Rand des Naturschutzgebiets – zunächst auf eine kleine Waldwanderung.

 NSG HAINESCH/ILAND (NORD)

Der Doppelname Hainesch/Iland benennt die beiden bronzezeitlichen Hochflächen, aus denen das Gebiet besteht – Hainesch im Norden, Langer und Kurzer Iland im Süden –, das mit rund siebzig Hektar Fläche zu den kleineren Hamburger NSG gehört. Es wird vom Landesverband Hamburg der Schutzgemeinschaft Deutscher Wald e.V. betreut. Mehrere Wanderwege durchziehen das Gelände.

16 EISVOGEL

Das NSG ist Teil einer alten Kulturlandschaft, die im südlichen Teil vom Bachtal der Saselbek und im Norden von der renaturierten Furtbek durchzogen wird. In der Fläche finden sich Hecken und Knicks zwischen den Wiesen und Weiden, während der Wald noch von seiner vergangenen Nutzung als sogenannter Kratt erzählt. Der Begriff bezeichnet einen Niederwald, der bewirtschaftet wird, indem einzelne Bäume immer wieder in relativer Bodennähe gekappt werden, um neue und stärkere Triebe zu produzieren. Das so gewonnene Holz wurde als Brenn- oder Baumaterial, die Rinde von Eichen z.B. für die Gerberei verwendet.

Die Landschaft bietet auch Lebens- und Nahrungsräume für verschiedene Kleinfische, Amphibien und über hundert Vogelarten, darunter Reiherenten, Zwergtaucher und Gebirgsstelzen sowie der seltenere Eisvogel (Abb. 16), der in den Wasserläufen und Teichen gute Futtermöglichkeiten findet, sodass seine hiesige Population die höchste Hamburgs ist.

Wir folgen weiter dem Furtstieg und kommen so direkt nach Bergstedt.

10a BERGSTEDTER KIRCHE

Der Bergstedter Ortskern steht als Gesamtensemble mitsamt seinem Straßennetz unter Denkmalschutz und lässt noch das alte Runddorf erahnen, aus dem der Ort entstanden ist. Am Dorfplatz zwischen Woold und Bergstedter Markt (mit Völkerschlachtdenkmal von 1913) stehen einige historische Gebäude wie das ehemalige Spritzenhaus der Feuerwehr (1881, erweitert 1922), Häuser aus den 1920er und 1930er Jahren (etwa Nr. 11, 12, 13, 15) sowie einige große Hofanlagen. Der Krämersche Hof (Nr. 3, um 1900) beeindruckt mit seiner Auffahrt und dem dahinter liegenden Wohnhaus, auf dem Krachtschen Hof (Nr. 7, um 1910) arbeitet heute eine Reitschule, und das große Backsteinensemble des Siemers'schen Hofs (Nr. 1, um 1870, ursprünglich 1757) teilen sich ein Gewerbebetrieb und ein Galerie-Café, in dem auch Kulturveranstaltungen stattfinden.

Rasch gelangen wir zum Wohldorfer Damm. Von dem Gedenkstein vor einer Doppeleiche, die an die schleswig-holsteinische Erhebung von 1848 erinnert, sehen wir die evangelisch-lutherische Bergstedter Pfarrkirche (Abb. 17). In ihrem ältesten Kern ist sie ein um 1200 errichteter Feldsteinbau, der im Laufe der Jahrhunderte jedoch vielfach verändert wurde. Der markante Fachwerkturm über dem Westgiebel entstand im Zuge eines grundlegenden Umbaus durch den Bargfelder Architekten Jasper Carstens (1705–1759) in der Mitte des 18. Jahrhunderts. Im Kircheninneren ist noch eine bemalte Holzbalkendecke von 1609 zu sehen, und auch die Emporen der Nord- und der Westwand stammen aus dem 17. Jahrhundert. Berühmt ist der hölzerne Taufengel aus dem Jahr 1768. Das um 1150 entstandene Urkirchspiel Bergstedt umfasste jahrhundertelang einen großen Bereich Stormarns, mit Dörfern in einem Radius von gut zwanzig Kilometern, die von einem einzigen Pas-

tor betreut wurden.

17 BERGSTEDTER KIRCHE

Der Weg links um die Kirche herum führt an einigen historischen Gräbern vorbei zu dem einem Hügelgrab nachgebildeten Kriegerdenkmal (Wilhelm Klupp), das ursprünglich an die Toten von 1914–1918 erinnerte, später auch an die Gefallenen des Zweiten Weltkriegs. Auf der anderen Seite steht beim

Weg zum Pastorat ein aus zwei Betonstelen errichtetes Mahnmal (Abb. 18, Axel Peters / Alfred Roggan, 1990) für die 34 Frauen und den Säugling, die im KZ-Außenlager Sasel umkamen. Sie waren bis zu ihrer Umbettung 1957 auf dem Ohlsdorfer Friedhof in Bergstedt beerdigt. Zwecks Erweiterung des alten Kirchhofs wurde schon 1864 ein neuer Friedhof zwischen Bergstedter Chaussee und Volksdorfer Damm angelegt, der ein wenig an den Ohlsdorfer Parkfriedhof erinnert.

In den letzten Jahren sind in Bergstedt einige Wohnsiedlungen abseits des alten Dorfkerns entstanden, und die Einwohnerzahl steigt beständig. Dennoch ist der Stadtteil bis heute grün und landschaftlich geprägt, seine Umgebung verlockt zu weiteren Ausflügen. Zu Fuß lassen sich vom Dorfplatz aus etwa das Naturdenkmal Timmermoor am Stüffel oder – etwas weiter entfernt – das Rodenbeker Quellental erreichen (vgl. auch Radtour). Wer den Spaziergang dagegen hier beenden möchte, gelangt von der Haltestelle „Bergstedter Markt" aus mit dem Bus zur U-Bahn-Station Volksdorf (U 1) oder zurück zum S-Bahnhof Poppenbüttel.

→ VARIANTE B: FORTSETZUNG DER TOUR BIS SASEL

9b NSG HAINESCH/ILAND (SÜD)

Das rund 8,4 Quadratkilometer große Sasel ist von einem grünen Gürtel umgeben, der sich vom Alsterwanderweg im Osten bis zu den Volksdorfer Teichwiesen zieht und etwa in der Mitte das NSG Hainesch / Iland berührt (vgl. Station 9a). Hier führt uns der Weg zunächst ein Stück bergan und am Mühlenteich entlang, bevor er rechts in einem Waldstreifen verläuft. Zur Linken begleitet uns, aus Volksdorf kommend, die Saselbek, die wir nach etwa 15 Minuten Fußweg auf der Brücke beim Ilandteich überqueren. Dort halten wir uns rechts und kommen am Waldkindergarten „Ameisenhaufen" vorüber, der das Aufwachsen in und mit der Natur zum konzeptionellen Mittelpunkt seiner pädagogischen Arbeit gemacht hat.

18+19 GEDENK-STELE VON AXEL PETERS UND ALFRED ROGGAN UND HÜGELGRAB IN WÖHLBERGE

Zwischen dem etwas versteckt liegenden Reiterhof Iland zur Linken und der Saselbek durchqueren wir in der Nähe der Bergstedter Chaussee ein in Größe und Geschlossenheit für Hamburg einzigartiges vorgeschichtliches Hügelgräberfeld – vermutlich, ohne es zu bemerken. Denn der Höhenzug Wöhlberge, um den es sich hier handelt, wurde zwar bestens dokumentiert, ist jedoch im Laufe der Jahrhunderte so weit erodiert, dass er für den Laienblick kaum noch zu erkennen ist (Abb. 19). Vielleicht regt aber ja auch die bloße Information an, sich mit dem Thema einmal näher zu befassen.

Dort wo der Weg auf die Chaussee trifft, steht gegenüber das Heinten-Hoff-Haus, das nach dem mehrfachen Deutschen und Europameister im Box-Schwergewicht benannt ist. In einem Saal des früheren Gasthofs „Saselbeck" hatte ten Hoff zunächst trainiert, bevor er das Lokal nach dem Zweiten Weltkrieg kaufte (vgl. Leute aus Alsterdorf und dem Alstertal, S. 103). Der langjährige Präsident des Bundes Deutscher Berufsboxer (BDB) war gut mit dem Box-Weltmeister Max Schmeling (1905–2005) befreundet. Im Ten-Hoff-Haus bewirtet nun seit Jahrzehnten ein chinesisches Restaurant seine Gäste und steht damit in sehr langer gastronomischer Tradition, denn bereits 1737 war hier ein erster „Krug" errichtet worden. An noch ältere Zeiten erinnert der Name der hinter dem Gasthof verlaufenden Straße Am Riesenstein. Der so bezeichnete Findling soll der Rest

Kirche

Hamburg-Sasel

Am Dorfteich

Bezirksamt

Ehrenmal

20 POSTKARTE SASEL, ERSTE HÄLFTE 20. JAHRHUNDERT

einer gewaltigen steinzeitlichen Grabstätte gewesen sein und der Sage nach als Opferstein gedient haben. Zu sehen ist von beidem allerdings nichts mehr: Der Stein wurde schon 1851 gesprengt und als Baumaterial verkauft. – Wir gehen daher die Saseler Chaussee ein Stück weiter hinab und biegen an der Ampel links in den Stratenbarg, der uns aus nördlicher Richtung zum Saseler Markt bringt.

 SASELER MARKT

Die evangelisch-lutherische Vicelinkirche (Sandtmann / Grundmann, 1962) steht am östlichen Rand der Saseler Ortsmitte, in der sich noch einige traditionsreiche Geschäfte rund um den kleinstädtisch wirkenden Marktplatz erhalten haben. Die überkommenen Siedlungsstrukturen des alten holsteinischen Dorfes sind dagegen hinter großflächigen Eigenheimsiedlungen und Straßenzügen mit Einzel- und Doppelhäusern, die sich weit in die Fläche ziehen, fast verschwunden. Ein Gang über den Markt führt uns aber noch ein wenig Saseler Historie vor Augen (Abb. 20). Überqueren wir zunächst bei der Kirche den (hier nicht ausgebauten) Ring 3.

Das den Platz begrenzende Backsteingebäude mit abgetrepptem Eingangsportal und kleinem Uhrenturm beherbergt heute ein Restaurant. Ursprünglich (ab 1927) war es Sitz der Gemeindeverwaltung und somit das Saseler „Rathaus". Sehr viel später zog hier eine Filiale der Bücherhallen ein, die 2007 – nach Verlegung ins alte Schulgebäude an der Kunaustraße – gegen massiven Protest geschlossen wurde. Die nächstgelegene Filiale befindet sich heute beim AEZ in Poppenbüttel.

Hinter dem Haus wird des österreichischen Komponisten Franz Schubert (1797–1828, Abb. 21) gedacht: Die sogenannte Schubert-Linde wurde am 19. November 1928 zu dessen hundertsten Todestag durch den – bis heute bestehenden – Saseler Männerchor „Salia" gepflanzt. Seit 2006 steht ein von

21 FRANZ SCHUBERT, GEMÄLDE VON ANTON DEPAULY, 1827

dem Hamburger Bildhauer Thomas Darboven gestalteter Gedenkstein auf dem Platz unter der Linde, auf dem bei jährlichen Feierstunden gesungen wird. Laut Saseler Heimatverein handelt es sich bei dem Denkmal um das deutschlandweit einzige zu Ehren Schuberts.

Das Postgebäude am anderen Ende des Platzes stammt wie die meisten Häuser am Markt aus den 1920er Jahren. Ihm ist von seiner ursprünglichen Nutzung nur eine Postagentur geblieben. Das langgestreckte Backsteingebäude zur Linken, in dem heute die Behinderten-Tagesstätte „Roter Hahn" untergebracht ist, wurde dagegen im Kern schon am Ende des 19. Jahrhunderts erbaut und beherbergte außer den Bücherhallen (ab 1987) vor allem die Saseler Schule. Als diese in den 1980er Jahren umzog, hatte der Stadtteil längst eine fünfstellige Bevölkerungszahl erreicht (heute etwa 24 000 Einwohner) – beim Bau des Schulhauses 1893 waren es knapp 500.

22+23 TORHAUS DES SASELHOFS, UM 1930, UND BESTSELLER VON CONRAD REUTER, 1912

Dennoch verlief die Entwicklung Sasels etwas langsamer und anders als die der Dörfer im übrigen Alstertal. Zwar lebte hier mit dem Gutsbesitzer Conrad Reuter ein Mitbegründer der „Alsterthal-Terrain-Gesellschaft", der selber rund sechzig Hektar Land seines Saselhofs zur Besiedlung freigab. Doch 1919 verkaufte Reuter den Hof an den kurz zuvor von Julius Gilcher gegründeten „Eigenheim-Siedlungs-Sparverein", der nach dem Ersten Weltkrieg dafür sorgte, dass in Sasel Bauland erschlossen wurde. Dabei zielte man auf weniger vermögende Interessenten, die auf ihrem Grund auch Selbstversorgung mit Lebensmitteln betreiben konnten und sollten („Erwerbssiedlungen"). Auch darauf ist es zurückzuführen, dass Sasel lange den Ruf einer gewissen Bodenständigkeit besaß.

Erneut wuchs der Ort nach dem Zweiten Weltkrieg, und häufig wurden nun die kleinen Siedlungshäuser durch größere Eigenheime ersetzt. Noch heute besitzt Sasel im Alstertal den höchsten Anteil von Einzelhäusern. Inmitten einer solchen Siedlung, am Frahmredder 95, arbeitet seit 1975 eine Niederlassung des Deutschen Wetterdienstes (DWD). Julius Gilcher hätte es gefallen: Er war im Jahr 1917 Leiter der Öffentlichen Wetterdienststelle Hamburg. – Wir verlassen den Marktbereich, kreuzen die Stadtbahnstraße und betreten den Saseler Park.

11b SASELER PARK

Im 1830 erbauten Kuhstall des Reuterschen Gutsbetriebs befindet sich heute mit dem „Sasel-Haus" eine weit über den Stadtteil hinaus wirkende Kultur- und der Weiterbildungseinrichtung. Seit 1938 auch als Schule genutzt, dienten einige Räume des Gebäudes ab 1982 der Arbeit des gemeinnützigen Trägervereins, der fünf Jahre später das Haus übernahm. Seitdem finden hier Sprach- und Kreativkurse, aber auch Seminare und Workshops zu unterschiedlichsten Themen statt. Beliebt sind nicht zuletzt Theater- und Musikaufführungen sowie die häufigen Veranstaltungen für Kinder.

Der Saselhof, dessen Ursprünge im 18. Jahrhundert liegen, wurde 1871 von einem Hamburger Holzhändler gekauft und mit einem Park ausgestattet. Conrad Reuter erwarb den Hof 1897, erweiterte ihn auf über 200 Hektar Fläche und spezialisierte sich – ähnlich wie Lippert auf Hohenbuchen – auf eine besonders hygienische Form der Milchgewinnung. Die Milch blieb Reuters lebenslanges Thema: Sein 1903 erschienenes Buch über „Milchspeisen und Getränke" (Motto: „Wer gut ernährt, sorgt gut.") wurde ein Verkaufsschlager (Abb. 23), und nach der Verpachtung des Hofes 1912 fand der Verfasser u.a. bei der Berliner Meierei Bolle Beschäftigung. Das um 1900 beim Gutshof – am heutigen Saseler Parkweg – errichtete Torhaus enthielt Wohnungen, Speicher und eine Kutschenremise und ähnelte dem viel älteren Wellingsbüttler Torhaus (Abb. 22). Im Gegensatz zu diesem ist es jedoch nicht erhalten.

Der Saseler Park mit seinem alten Baumbestand bildet heute eine Art Stadtteil-Entree und wurde vor einiger Zeit neu gestaltet. Gern wird er für Freizeitaktivitäten genutzt, wenn auch die große Straßenkreuzung unüberhörbar bleibt. Immerhin: Der hier endende Ring 3 zeigt, wie es auch am Saseler Markt heute aussähe, wenn der vierspurige Straßenausbau nicht vor Jahren durch eine Anwohnerinitiative (vorerst) gestoppt worden wäre. – Ein Bus bringt uns von den Haltestellen „Stadtbahnstraße" (Buslinien 24, 174) oder „Saseler Markt" (Buslinie 24) zurück zum Bahnhof Poppenbüttel (S 1).

170

BARS / KNEIPEN / NACHTLEBEN

Remembar

Stadtbahnstraße 41

www.remembarlounge.de

→ *stylishe Cocktail- und Shisha-Bar*

CAFÉS / RESTAURANTS

ADDA Eiscafé

Wohldorfer Damm 10

www.adda-eis.de / #adda_eis_

bergstedt.html

→ *Hamburger Familienbetrieb in dritter Generation*

Alte Mühle

Alte Mühle 34

www.alte-muehle-hamburg.de

→ *schön gelegenes Restaurant mit Kaffee- und Biergarten am Mühlenteich*

Café Reinhardt

Poppenbüttler Hauptstraße 37

www.cafe-reinhardt.de

→ *seit 1883 bestehende Bäckerei und Konditorei mit einer Filiale im „AEZ"*

Café Zum Goldenen Tapir

Bergstedter Markt 1

www.zumgoldenentapir.de

→ *regionale und vegetarische Küche auf dem denkmalgeschützten Siemersschen Hof*

del favero Ristorante & Vino

Heegbarg 28

www.delfavero.de

→ *beliebtes italienisches Lokal gegenüber dem AEZ*

Eiszeit Poppenbüttel

Poppenbütteler Weg 175

→ *eine von vier Hamburger „Eiszeit"- Filialen*

Forum Sasel

Saseler Markt 1

www.forumsasel.de

→ *Café / Bar / Restaurant mit Außengastro- nomie direkt am Saseler Marktplatz*

La Madera

Saseler Chaussee 101

www.la-madera.de

→ *großes Rodizio und Steakhouse im südlichen Sasel*

Shin Shin

Saseler Chaussee 254

www.shin-shin-restaurant.de

→ *eine Institution der chinesischen Küche am Rande Sasels*

The Locks

Marienhof 6

www.the-locks.de

→ *kreative Küche an der Poppenbüttler Schleuse, im Schatten der Burg Henneberg*

Trattoria Brunello
Stormarnplatz 8
www.trattoria-brunello.de
→ *beliebter Italiener, ruhig gelegen, aber nicht weit von AEZ und S-Bahnhof*

LÄDEN

AlsterLiebe
Frahmredder 1
www.alsterliebe-hamburg.de
→ *Accessoires, Dekorations- und Geschenkartikel sowie eine Espressobar*

Andrés Obst-Laden (AOL)
Poppenbüttler Hauptstraße 10
→ *Fachgeschäft mit persönlicher Note, seit 1933 in Poppenbüttel*

Benke
Waldweg 2–6
www.benke-hamburg.de
→ *das Bettenhaus in Hamburg*

Chocolaterie „Die Ise"
Waldweg 9 A
www.die-ise.de
→ *breites Angebot von Schokoladen- und Pralinenkreationen*

Elisa Mode & Second Hand
Poppenbüttler Hauptstraße 1
→ *beliebte Adresse für Second Hand-Mode und mehr*

Fischhaus Sasel
Saseler Markt 12
www.veldhoen-fischfeinkost.de
→ *sehr beliebt und seit über 80 Jahren am Standort*

Hofladen am Stüffel
Stüffel 12
www.stueffel.de
→ *gut sortierter Bio-Laden auf dem Gärtnerhof am Stüffel in Bergstedt*

J. Melle & Sohn
Poppenbüttler Hauptstraße 11
www.j-melle-sohn.de
→ *alteingesessenes Elektrofachgeschäft in Poppenbüttel*

Kaufhaus Hillmer
Volksdorfer Damm 270
www.kaufhaus-hillmer.de
→ *1929 eröffnetes Kleinkaufhaus mit Kultcharakter*

Kinderpost Poppenbüttel
Poppenbüttler Hauptstraße 1
www.kinderpost.org
→ *der (größere) Ableger des Wellingsbütteler Stammgeschäfts*

kwp-Baumarkt
Saseler Chaussee 211
www.kwp-baumarkt.de
→ *traditionsreicher Hamburger Baumarkt mit individueller Note*

172

Weinknigge
Poppenbüttler Landstraße 1
www.wein-knigge.com
→ schöner Weinladen in altem Hofgebäude

Whisky Depot
Poppenbüttler Landstraße 1
www.whiskydepot.com
→ Spirituosen und Zigarren, gleich neben dem „Weinknigge"

Wohnraum flair & style Outlet
Waldweg 9 A
→ Mode, Accessoires, Dekoartikel und Möbel

HOTELS

Bed & Breakfast Bigalke
Op de Elg 38 A
www.bb-big.de
→ familienfreundliche Unterkunft in einer ruhigen Saseler Seitenstraße

Hotel Rosengarten
Poppenbüttler Landstraße 10 B
www.hotel-rosengarten-hamburg.de
→ kleines Garni-Hotel im südlichen Teil Poppenbüttels

Kleinhuis Hotel Mellingburger Schleuse
Mellingburgredder 1
www.mellingburgerschleuse.de
→ Hotel in historischem Ambiente nahe der Alsterschleife

Poppenbütteler Hof
Poppenbütteler Weg 236
www.poppenbuetteler-hof.de
→ stilvolles Hotel nahe der Burg Henneberg und der Alster

FREIZEIT / SPORT

Marina Marienhof
Marienhof 4
www.marina-marienhof.de
→ Bootsverleih für die Oberalster, direkt an der Poppenbüttler Schleuse

Tennisgesellschaft Alstertal (TEGA)
Friedrich-Kirsten-Straße 35
www.tega-tennis.de
→ zählt zu den ältesten Tennisclubs im Alstertal

MeridianSpa Alstertal
Heegbarg 6
www.meridianspa.de / standorte / meridianspa-alstertal.html
→ alles rund um Fitness und Entspannung

Musikschule Poppenbüttel
Heegbarg 81 A
www.musikschule-poppenbuettel.de
→ private Musikschule mit eigener Kellerbühne („TIM-Theater")

TSV Sasel von 1925 e.V.
Saseler Parkweg 14, www.tsv-sasel.de
→ breitgefächertes Sportangebot für Jung und Alt

KULTUR

Bücherhalle Alstertal

Heegbarg 22

→ zentrale Bücherhalle im Alstertal, regelmäßig Kunstausstellungen

Burg Henneberg

Marienhof 8

www.burg-henneberg.de

→ wechselnde kulturelle Veranstaltungen im „Alsterschlösschen"

Der Siemers'sche Hof

Bergstedter Markt 1

www.siemersscher-hof.com

→ in der Remise finden Konzerte, Lesungen etc. statt.

Forum Alstertal

Kritenbarg 18, www.forum-alstertal.de

→ Kunst- und Kulturzentrum mit breitgefächertem Angebot

Henneberg Bühne Poppenbüttel

Hinsbleek 11

www.theater.hennebergbuehne.de

→ Theater auf Plattdeutsch im Festsaal des Hospitals zum Heiligen Geist

Kunsthandlung Alstertal

Frahmredder 10

www.kunsthandlung-alstertal.de

→ Bilder, Rahmen und mehr am Stormarnplatz

Sasel-Haus

Saseler Parkweg 3, www.sasel-haus.de

→ Kultur- und Bildungszentrum im Saseler Park

SOZIALES / NON-PROFIT

Begegnungsstätte Bergstedt e.V.

Bergstedter Chaussee 203

www.begegnungsstaette-bergstedt.de

→ Stadtteilkulturzentrum in Bergstedt

Bürgerverein Sasel-Poppenbüttel

www.buergerverein-sasel-poppenbuettel.de

→ traditionsreicher Verein, gibt die Zeitschrift „Neue Alsterbrücke" heraus

Evangelische Akademie im Alstertal

Harksheider Straße 156

www.ev-akademie-alstertal.de

→ kirchliche Bildungseinrichtung mit thematisch wechselnden Jahresprogrammen

Haus der Jugend Tegelsbarg

www.hdj-tegelsbarg.de

Tegelsbarg 2 B

→ Freizeiteinrichtung für Kinder und Jugendliche

Heimatring Bergstedt e.V.

Stüffeloort 21

www.heimatring-bergstedt.de

→ vereint mehrere Bergstedter Institutionen sowie Einzelmitglieder

ALSTERWANDERWEG (RADTOUR)

6

Familienbad Ohlsdorf ★ Fuhlsbüttler Schleuse/Wehr ★ Alsterpark ★ Alsterwanderweg ★ Randel/„Junge Hamburger" ★ Mellingstedt ★ Rodenbeker Quellental ★ Wohldorfer Schleuse in Duvenstedt ★ Gut Wulksfelde

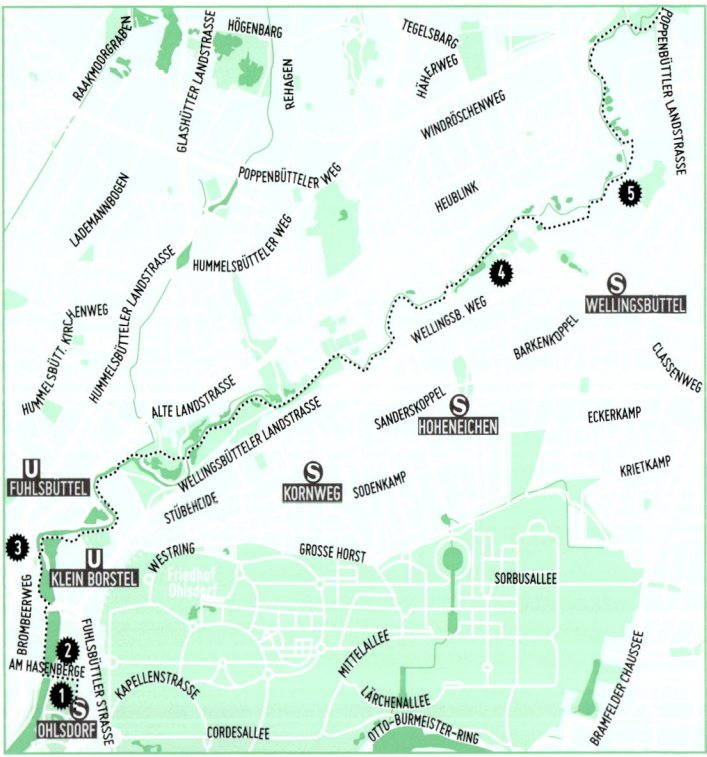

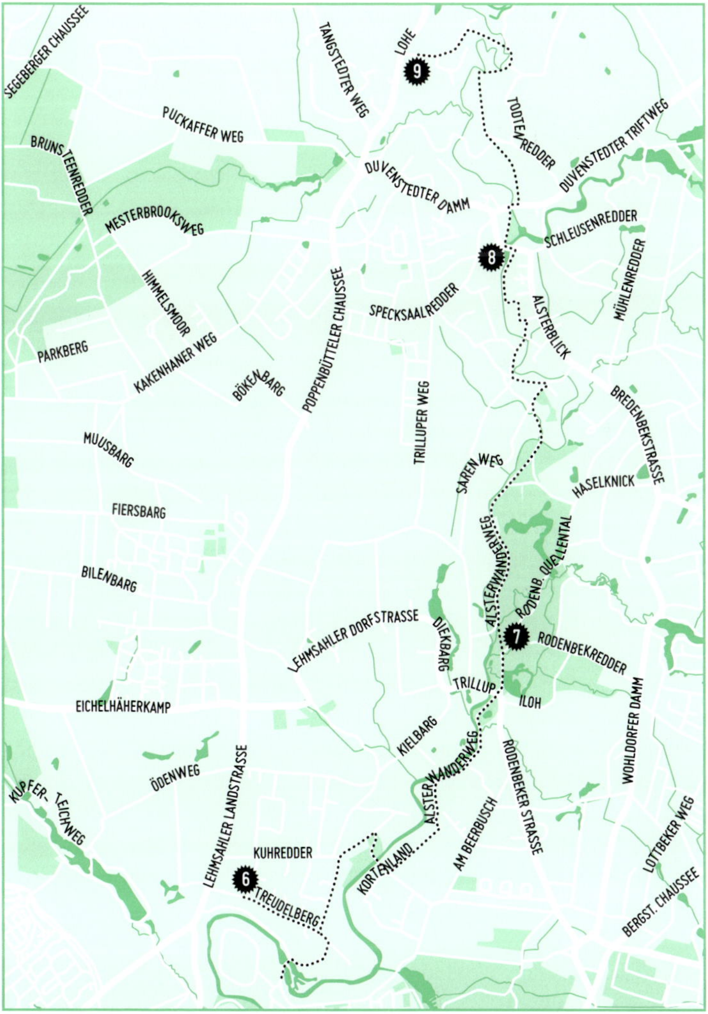

SEEBERGER CHAUSSEE
TANGSTEDTER WEG
LOHE
9
TODTENREDDER
DUVENSTEDTER TRIFTWEG
PUCKAFFER WEG
BRUNS-TEENREDDER
MESTERBROOKSWEG
DUVENSTEDTER DAMM
SCHLEUSENREDDER
MÜHLENREDDER
HIMMELSMOOR
SPECKSAALREDDER
8
ALSTERBLICK
KAKENHANER WEG
BÖKENBARG
POPPENBÜTTELER CHAUSSEE
PARKBERG
TRILLUPER WEG
BREDENBEKSTRASSE
MUUSBARG
SAREN WEG
HASELKNICK
FIERSBARG
ALSTERWANDERWEG
RODENB. QUELLENTAL
BILENBARG
LEHMSAHLER DORFSTRASSE
DIEKBARG
7
RODENBEKREDDER
EICHELHÄHERKAMP
TRILLUP
ILOH
KIELBARG
WOHLDORFER DAMM
ÖDENWEG
ALSTERWANDERWEG
RODENBEKER STRASSE
KUPFER-TEICHWEG
LEHMSAHLER LANDSTRASSE
6
KUHREDDER
TREUDELBERG
KORTENLAND
AM BEERBUSCH
LOTTBEKER WEG
BERGST. CHAUSSEE

STARTPUNKT: U- und S-Bahn-Station Ohlsdorf
ENDPUNKT: Gut Wulksfelde
DAUER: 2,5 Stunden, etwa 20 Kilometer

„Jeder in Hamburg Geborene müsste verpflichtet sein, wenigstens einmal in seinem Leben hinzugehen, um dort mit übergeschlagenen Armen seine Verbeugung zu machen vor der heiligen Quelle, der die Republik ihren schönsten Schmuck zu danken hat."

Die von Detlev von Liliencron zum Pilgerziel für alle Hamburger erklärte Quelle der Alster in der Gemeinde Henstedt-Ulzburg unweit von Henstedt-Rhen werden wir auf unserer Radtour alsteraufwärts nicht erreichen. In der zweiten Hälfte des 19. Jahrhunderts wurde die Alsterquelle indes tatsächlich von zahlreichen Wanderern besucht, sodass zwischenzeitlich sogar eine Hütte errichtet wurde, in der bis zu fünfzig Besucher Schutz vor Regen oder Sonnenbrand suchen konnten. 1885 stellte die Hamburger Turnerschaft sogar ein Denkmal auf, von dem genauso wenig erhalten ist wie von der Hütte. Heute markiert ein mit dem Schriftzug „QUELLGRUNDDERALSTER" und der „Burg" des Hamburger Wappens geschmücktes Eisengitter im Boden den Ursprung der Alster. Um die Bedeutung des Ortes zu erfassen, benötigt man etwas Fantasie. Jeder Fluss fängt eben ganz klein an (Abb. 1).

Unsere Radtour beginnt am ehemaligen Familienbad in Ohlsdorf und endet am Gut Wulksfelde. Teilstücke können mit Abschnitten aus den anderen Touren dieses Bandes kombiniert werden, sodass sich viele alternative Routen ergeben und nicht unbedingt die gesamte Strecke in einem Rutsch abgefahren werden muss. Wir verlassen kurz hinter Duvenstedt nicht nur das Hamburger Stadtgebiet, sondern auch den Bezirk Hamburg-Nord, zu dem die Stadtteile des Alstertals überwiegend gehören. Sasel, Bergstedt, Ohlstedt, Wohldorf und Duvenstedt hingegen gehören zum Bezirk Wandsbek.

Die Strecke führt am sogenannten Oberlauf der Alster entlang, an
dem die Ufer teilweise stark anstei-
gen, wodurch der Namensbestandteil „Tal" in „Alstertal" zu erklären
ist. Das Gelände entstand, als sich
am Ende der letzten Eiszeit vor
etwa 15 000 bis 20 000 Jahren das
Schmelzwasser der Gletscher seinen Weg suchte, um über die Elbe
in die Nordsee abzufließen. Unter

1 ALSTERQUELLE

enormem Druck bildeten sich Urstromtäler mit vielen sich verzweigen-
den Wasseradern. Man schätzt, dass der Mittellauf des Alster-Schmelz-
wasserstroms 200 Meter breit war. Nach Abschmelzen der Eismassen legte
sich die Alster in das gemachte Bett und wird seitdem aus den zahlreich
entstandenen Nebenflüssen und Bächen des Urstromtals gespeist. Der
56 Kilometer lange Fluss durchströmt ein Gebiet, das sich, inklusive der
Nebenflüsse, von Norden nach Süden über 34 Kilometer und von Westen
nach Osten etwa 38 Kilometer ausdehnt (Abb. 2). Die Alster fließt jeweils
zur Hälfte in Schleswig-Holstein und in Hamburg.

Während man heute eher von Hamburg als Stadt an der Elbe spricht,
war Hamburg über Jahrhunderte eine Stadt an der Alster. Erst im Laufe
des 16. Jahrhunderts dehnte sich die Bebauung des Zentrums von Hamburg bis direkt an die Elbe aus. Die Alster versorgte die Bürger nicht nur
mit Trinkwasser, sondern auch mit Brenn- und Bauholz. Die Region des
oberen Alstertals war stark bewaldet und verfügte über einen schier un-
endlichen Vorrat an Baumstämmen. Diese wurden geflößt, d.h., die noch
nicht zerkleinerten Stämme wurden bei dem Ort Stegen in den Fluss gelegt und erst in Hamburg herausgeholt. Das kleinteilige Scheitholz wurde
bis Alsterdorf geflößt, dort gestapelt (vgl. Tour 1) und in flachen Kähnen,
häufig zusammen mit Felssteinen, bis zur Innenstadt transportiert. Die
Bedeutung der Versorgung Hamburgs über den Wasserweg der Alster

2 ALSTER MIT NEBENFLÜSSEN, UM 1960

kann nicht hoch genug eingeschätzt werden.

Die große Bedeutung der Alster erklärt auch die Bemühungen der Hamburger Stadtväter, die alleinigen Rechte an dem Fluss zu erwerben. Dies gelang bis etwa 1350 in zwei Etappen. Zunächst übertrugen die Grafen Johann I. und Georg I. zu Holstein um 1250 die Rechte an der Alster von ihrer Mündung bis etwa zum nördlichen Ende des durch den Reesendamm aufgestauten Alstersees (heute Krugkoppelbrücke am nördlichen Ende der Außenalster) an Hamburg, das auf diese Weise die Rechte am Fluss sowohl in als auch vor der Stadt erhielt. Im zweiten Schritt erwarb Hamburg den oberen Lauf der Alster von den Holsteiner Grafen Adolf V., Johann II. und Adolf VI. und war nach Ablauf der vereinbarten Rückkauffristen Mitte des 14. Jahrhunderts alleinige Besitzerin der Alster. Die Kaufsumme lag bei 1050 Mark und damit über dem Betrag von 984 Mark, den man für die großen Dörfer Fuhlsbüttel, Langenhorn, Eimsbüttel und Eppendorf zusammen ausgegeben hatte. Darin kommt die immense Bedeutung des Kaufs zum Ausdruck.

Schiffsverkehr, wie er den Fluss später prägen sollte, war zu dieser Zeit auf der oberen Alster noch nicht möglich. Der Oberlauf hatte einen extrem niedrigen Wasserstand und wurde von der Vegetation am Ufer stark überwuchert, sodass für die regelmäßige Reinigung der Wasserstraße hoher Aufwand getrieben werden musste, um diese überhaupt durchlässig zu halten. Selbst das Flößen war ein mühseliges Unterfangen, da Helfer das am Ufer verkeilte Transportgut immer wieder freilegen mussten. Die Aufstauung der Alster durch den Reesendamm in der Innenstadt Anfang des 13. Jahrhunderts zeigte ihre Wirkung bis nach Alsterdorf, sodass ab dem frühen 14. Jahrhundert die Schifffahrt mit flachen Alsterkähnen von dort aus möglich war. Erst der Bau von insgesamt zehn Schleusen – zwischen Graskellerschleuse in der Innenstadt und Süllfeld in Schleswig-Holstein –, der im Zusammenhang mit dem Bau des Alster-Best-Trave-Kanals ab 1448 erfolgte, machte den oberen Lauf der Alster zu einer schiffbaren Wasserstraße.

Die Alsterschifffahrt (vgl. Exkurs „Kleine Geschichte der Alsterschifffahrt", S. 204) von und nach Stegen begann ab 1465. Der für den Festungs- und Häuserbau in Hamburg so dringend benötigte Kalk war zuvor in Lüneburg und Helgoland bezogen worden – zu zeit- und kostenaufwendig war der Landtransport des qualitativ hochwertigen Segeberger Kalks gewesen. Mit der Errichtung der Wasserstraße änderte sich das grundlegend, und man stellte vollständig auf das Segeberger Material um. Anfangs wurden um die 15 000 Zentner Kalk von Holstein nach Hamburg transportiert. Die Menge stieg schnell auf 40 000 Zentner jährlich am Ende des 16. Jahrhunderts an. 1617 wurde der Kalkhof in der Innenstadt an die Alster verlegt. Dort, wo heute das Gebäude der Staatsoper steht, konnten die Alsterkähne über einen Stichkanal direkt bis zum Kalkofen fahren. Neben dem bereits erwähnten Holz, das als Bau- und Brennmaterial benötigt wurde, verschiffte man auch Torf sowie Ziegelsteine (etwa aus Trillup oder Nahe in Holstein für den Bau der St. Petri-Kirche ab 1310).

Seit 1899 passierten keine Frachtkähne mehr die Alsterschleusen. Mit der Entwicklung der Überseeschifffahrt ging ein Bedeutungsverlust für den Ostseeraum und den Handelsweg zwischen Hamburg und Lübeck einher. Ein weiterer Faktor war die Verdrängung von Holz und Torf als Brennmaterial durch die englische Steinkohle. All die Brauereien, die ihre Siedepfannen zuvor mit Holz befeuert hatten, und all die Haushalte und Betriebsstätten, die ihre Heizöfen mit Torf betrieben hatten, verwendeten nun die effizientere Steinkohle. Darüber hinaus wurde Holz als Material

3 BADEANSTALT OHLSDORF, UM 1930

für den Schiffbau in den Werften auf dem Grasbrook zunehmend von Eisen abgelöst. Mit dem Rückgang des Gütertransports auf der Alster nahm im Laufe des 19. Jahrhunderts hingegen die private Nutzung des Flusses durch die Hamburger zu. Sie entdeckten das Alstertal als Ort für Freizeit und Erholung. Die Landschaft wurde als Oase vor den Toren der Stadt und zugleich als Siedlungsgebiet für die wachsende Metropole erschlossen.

1 FAMILIENBAD OHLSDORF

Unser Startpunkt befindet sich nicht direkt am Flusslauf, sondern am Eingangsgebäude zum Familienbad Ohlsdorf. Verlassen wir das Gebäude des Bahnhofs Ohlsdorf auf der Rückseite, so stehen wir „Im Grünen Grunde" direkt davor. Das 1926/27 von Fritz Schumacher geplante und entworfene Freibad (Abb. 3) entstand im Zusammenhang mit der Kanalisierung des

Alsterabschnitts zwischen Winterhude und Fuhlsbüttel (vgl. Tour 1, Abb. 3 + 4). Hatte das Baden im frischen Alsterwasser entlang der Ufer des natürlichen Flusslaufs als Bestandteil der täglichen Hygiene wie auch als Vergnügung für Groß und Klein zum Alltag gehört (Abb. 4), so zerstörte die Befestigung der Ufer entlang des Kanals die vielen kleinen Sandbuchten, von denen aus gebadet worden war. Als Ausgleich für die Einschränkungen wurden zwei große Flussbadeanstalten errichtet. Die erste, gegenüber der U-Bahn-Station Lattenkamp an der Meenkwiese, haben wir bereits am Anfang dieses Buchs kennengelernt. 1927 wurde die zweite, das Familienbad Ohlsdorf, eröffnet.

An derselben Stelle hatte bereits seit 1886/87 unterhalb der Fuhlsbüttler Schleuse eine befestigte Badestelle existiert, die zunächst allerdings nur Männern vorbehalten war und zudem den Insassen der umliegenden „Corrections- und Strafanstalten". 1896 wurde auf der Südseite zusätzlich eine kleine Frauenbadeanstalt errichtet (Abb. 5). Das Becken maß 33 Meter auf 17 Meter und war, den Gesetzen von Sitte und Anstand gehorchend, mit einer Planke vom Männerbad getrennt. Damen, die neugierigen Blicken durch Astlöcher in der hölzernen Begrenzung entgehen wollten, konnten eine der drei Einzelkammern zum Umkleiden nutzen, mussten dafür jedoch zusätzlich zu den zehn Pfennig Eintritt weitere fünf Pfennig investieren. Vorbild für diese Einrichtung war sicher nicht zuletzt

4+5 BADENDE AN DER ALSTER UND FRAUEN-BADESTELLE OHLSDORF, BEIDE UM 1900

6 BADEANSTALT SCHWANENWIK, 1869

das 1793 auf Anregung der Patriotischen Gesellschaft gebaute erste Bade-
schiff innerhalb der Hamburger Stadtmauern. Die Anlage wurde sowohl
zur Vorreiterin der deutschen Flussbadeanstalten überhaupt als auch von
Bädern wie der „Alsterlust" an der Lombardsbrücke und der Badeanstalt
am Schwanenwik (Abb. 6). War der Zugang zu den wilden Ufern der Alster
gratis gewesen, so war das Baden in solchen Anstalten stets mit Kosten
verbunden, die anfänglich so hoch waren, dass nur wohlhabende Bürger
in den Genuss des Badevergnügens kamen.

Das Baden in der Alster ist bereits im 13. Jahrhundert nachweisbar. Die
Regeln der Schicklichkeit verkomplizierten das Vergnügen im Lauf der
Jahrhunderte allerdings zunehmend. 1610 wurde Pastor Nicolaus Stake-
leff von St. Jacobi seines Amtes enthoben, weil er „sich nackigt gebadet
und sich allwege einem Weltkinde … gestellt hatte". Die Badeanstalten
waren zunächst nur Männern zugänglich. Sobald auch Frauen das Bade-
vergnügen ermöglicht wurde, machten die Sitten den Bau zusätzlicher
Becken und komplizierter Sichtschutzeinrichtungen erforderlich. Das
Familienbad Ohlsdorf war die erste Hamburger Badeanstalt ohne Ge-
schlechtertrennung, also der Prototyp des Freibads, wie wir es heute für
selbstverständlich halten.

Fast ebenso selbstverständlich wie die Regeln unserer Badekultur erscheint uns heute, dass diese bestimmten Anforderungen an die Wirtschaftlichkeit unterliegt, weshalb immer mehr Bäder schließen müssen. Nach Diskussionen über die Rentabilität des Freibads und die Kosten für die Renovierung des in den 1970er Jahren errichteten Hallenbads Ohlsdorf stand jahrelang der Plan für die Schließung des Bads zur Diskussion. Trotz erheblichen Protests aus der Bevölkerung und eines Bürgerentscheids, der sich für den Erhalt der Badeanstalt aussprach, setzte sich letztendlich der Vorschlag des Betreibers „Bäderland" durch. Das Freibad und die Schwimmhalle werden in zwei Etappen abgerissen. Zunächst wird auf dem Gelände des Freibads eine neue Schwimmhalle errichtet, um dann auf dem Grundstück der alten Halle 120 Wohnungen zu bauen.

Seitdem der Eingang in den 1970er Jahren zur Schwimmhalle verlegt worden war, stand das Eingangsgebäude zum Familienbad leer und drohte zu verfallen. In den 1980er Jahren wurde es renoviert, der unter Denkmalschutz stehende Kassenraum ist seitdem als „Grüner Saal" für private Feiern oder Veranstaltungen mietbar. Daneben nutzen die Willi-Bredel-Geschichtswerkstatt, der Bürgerverein von Fuhlsbüttel, Hummelsbüttel, Klein Borstel und Ohlsdorf, der Hamburger Schwimmclub von 1879 und der Allgemeine Deutsche Fahrrad Club (ADFC) mit Infoladen das Gebäude. Das Areal ist, zusammen mit der Gastronomie rund um den Bahnhof, zum eigentlichen Stadtteilzentrum von Ohlsdorf avanciert.

Wir schieben unser Rad vorbei am Freibadgelände, biegen nach fünfzig Metern links in die Straße Am Hasenberge ein und erreichen nach wenigen Schritten die Hasenbergbrücke über dem Fuhlsbüttler Wehr, das seit dem Jahr 2013 den nicht mehr standfesten Schleusenbau von 1915 ersetzt.

2 FUHLSBÜTTLER SCHLEUSE/WEHR

Der Wasserstand der Oberalster ist zu niedrig für die Alsterdampfer, sodass Schleusenkammern für die Passage von Schiffen unnötig geworden waren. Bereits seit dem Jahr 2000 treibt das Wasser die Turbinen eines

7+8 BLICK VON DER HASENBERGBRÜCKE NACH SÜDEN UND AUF DAS FUHLSBÜTTLER WEHR

Wasserkraftwerks an. Strom für etwa 200 Haushalte erzeugt der Generator der Anlage, der von der privaten Gesellschaft „Umschalten Windstrom Wedel UWW" betrieben wird. Außerdem ist das Wehr mit einer „Bootsslipanlage" und einem „Mäanderfischpass" (einer Fischtreppe) ausgestattet. Nach Süden blickend können wir von unserem Standpunkt aus am linken Ufer einige Bauten sehen, die zur Nutzung des Alsterkanals errichtet wurden: die Reste des Bootsanlegers für das Alte Krematorium mit vorgelagerter Terrasse, die mit Böschungsmauern gefassten Ufer und die Landzunge im Übergang zum ehemaligen Freibadgelände, die wie eine Bastion befestigt in den Fluss ragt. Die Absicht, mit der Kanalisierung der Alster einen naturnahen, feierlichen Trauerweg zum Friedhof zu errichten, steht uns hier direkt vor Augen (Abb. 7). Deutlich ist zu erkennen, dass das rein praktische Ziel, die Schaffung eines direkten, schnellen und sicheren Verkehrswegs von der Stadt zum Krematorium, erreicht wurde. (Der breite, gerade verlaufende Kanal ermöglicht den Blick zurück bis zur Sengelmannbrücke.) Zugleich inszeniert die Architektur die Landschaft, indem sie dem Übergang vom Leben zum Tod eine bildhafte Form gibt.

Drehen wir uns nun um und blicken nach Norden, so finden wir am Ende des kanalisierten Alsterabschnitts, zwischen Hasenberg- und Ratsmühlenbrücke, die letzte große „Bühne" des Kanalprojekts. An den Ufern des aufgeweiteten Beckens, zwischen den nur etwa 150 Meter voneinander

9 FRITZ SCHUMACHERS ENTWURF FÜR DIE BRÜCKE AM HASENBERGE, 1913

entfernten Brücken, verlaufen der Julius-Strandes- und der Woermannsweg. Die flankierende Bebauung – Wohnhöfe aus den späten 1920er Jahren – befindet sich jeweils auf der vom Wasser abgewandten Straßenseite.
Zudem stehen die dreigeschossigen Baukörper gespiegelt zueinander und
bilden so eine Kulisse für das Zentrum, den Fluss.

Die Anlage wurde nach Entwürfen Fritz Schumachers realisiert. Nach
Kriegsschäden wurden einzelne Gebäudeteile ersetzt, die Gesamtheit der
Komposition blieb jedoch erhalten (Abb. 8 + 9). Das zeigt sich eindrucks-
voll, wenn wir nun am Woermannsweg entlang bis zur Ratsmühlenbrücke
radeln, diese auf dem Alsterwanderweg unterqueren, um endlich wirklich anzukommen am naturbelassenen Oberlauf der Alster. Hier sind wir
auf der zweiten Tour dieses Bands bereits per pedes vorbeigekommen,
und hier befand sich ursprünglich das Zentrum des Dorfs Fuhlsbüttel
(Abb. 10).

Schleuse und Mühle wurden 1448 erstmals erwähnt. Die Kornmühle
war jedoch bereits 1283 in Betrieb. Etwa 300 Jahre lang gab es sogar zwei
Mühlen, weil gegenüber auf der Ohlsdorfer bzw. Klein Borsteler Seite bis
1823 eine Industriemühle betrieben wurde, die verschiedenen Gewerbebetrieben diente. Die Bedeutung der Mühlenwirtschaft in der vorindus-
triellen Zeit kann gar nicht hoch genug eingeschätzt werden, denn die
Mühlen in der Stadt Hamburg und im Alstertal stellten die Ernährung

10 KROHNSCHER HOF UND SCHLEUSENMEISTERHAUS, UM 1870

der Bevölkerung sicher. In erster Linie wurde Getreide zu Mehl gemahlen sowie Hafer und Gerste geschrotet. Für die gewerbliche Produktion gab es Loh-, Öl-, Kupfer-, Farbholz- und Sägemühlen.

Die ersten städtischen Wassermühlen wurden am Niederbaum beim Großen Burstah um 1180 und am Oberbaum, dem heutigen Jungfernstieg, 1235 in Betrieb genommen. Für sie hatte man die Alster zum See, genauer zum Mühlenteich, aufgestaut. Als die Bevölkerung weiter wuchs, wurde ihre Versorgung durch den Ausbau und Erwerb weiterer Mühlen sichergestellt, wie 1255 durch den städtischen Ankauf der Kuhmühle an der Eilbek. Führte die Eilbek jedoch nicht ausreichend Wasser und ruhte somit der Betrieb zwangsweise, mussten die „Mahlgäste" (die Kunden der Müller) auf die Fuhlsbüttler Mühle ausweichen. Das Wasser der Alster bildete also gleichzeitig ein Trinkwasserreservoir und diente als Wasserstraße sowie zum Antrieb für die Mühlensteine.

Einhergehend mit der jahrundertelangen Rodung der Wälder im Bereich des Oberalsterraums (von etwa 700 bis 1700) ging der Zufluss zur Alster zurück, und der Wasserstand sank. Die Wassermühlen konnten den Bedarf an Mehl nun nur noch schwer und ab dem 19. Jahrhundert gar nicht mehr decken. Nach dem Großen Brand 1842, der die fünf städtischen Mühlen zerstörte, baute die Stadt diese nicht wieder auf. Im Zuge der Industrialisierung ersetzten zunehmend Windmühlen und mit Dampf betriebene

Kornmühlen die Arbeit der Wassermühlen. 1930 wurde die Ratsmühle in Fuhlsbüttel bei der Verbreiterung des Ratsmühlendamms abgerissen. Ihre Mühlsteine dienen heute Ausflüglern vor und hinter der Brücke als Picknicktische. Mehr ist nicht erhalten von der Anlage aus Schleuse und Mühle, die jahrhundertlang den Ort prägte. Nur der Straßenname des Ratsmühlendamms und das Lokal mit Bootsverleih „Zur Ratsmühle" er-innern an die seit Anfang des 15. Jahrhunderts vom Hamburger Rat betrie-bene Fuhlsbüttler Mühle.

Wir radeln nun ein kleines Stück weiter durch den Alsterpark bis zum gleichnamigen Restaurant, das malerisch direkt am ehemaligen Mühlen-teich liegt.

3 ALSTERPARK

1829 verkauften die Erben der Familie Behn ihren Hufner-Hof an Adam Schröder, den Schwiegersohn Salomon Heines. Das Bauernhaus wurde abgerissen und ein Herrenhaus für den Sohn Emil errichtet, dessen Erben wiederum das Anwesen an die Stadt veräußerten. 1888 erwarb es der Gas-tronom J.H. Casten und richtete das Ausflugslokal „Alsterpark" ein, mit elegantem Saal, drei Kegelbahnen, Bootsanleger samt eigenen Booten und – der Hamburger möchte es kaum glauben – dem Ausschank bayerischen Biers (Abb. 11 + 12).

Die Anlage ist Teil einer Tradition vieler ähnlicher Ausflugslokale ent-lang des Alsterlaufs (vgl. Exkurs „Ausflugsverkehr im Alstertal", S. 117). Auf der Suche nach Erholung in unberührter Landschaft entdeckten die Hamburger die Gegend und strömten in ihrer Freizeit zahlreich ins Als-tertal (Abb. 13). Eine Vielzahl dieser ehemals großen Restaurationen ist verschwunden oder in andere Nutzungen überführt worden. Das „Alster-park" hingegen existiert noch, wenn auch in einem bescheidenen, grün-derzeitlichen Gebäuderest. Der Paddler kann heute, ganz der Tradition folgend, direkt aus dem Boot auf die Terrasse steigen und französisch-mediterrane Köstlichkeiten genießen.

11 „ALSTERPARK", UM 1900

J.H. Casten betrieb hinter dem gegenüberliegenden Ufer der Alster Karpfenteiche, die er über die an dieser Stelle eigens errichtete Brücke auf kurzem Weg erreichen konnte. Wir überqueren diese Brücke (die Alsterparkbrücke), werfen einen kurzen Blick auf die Reste der ehemaligen Fischteiche hinter dem direkt am Ufer verlaufenden Wanderweg und biegen dann links ab ins verwunschene Alstertal. Auf unserer Fahrt Richtung Wellingsbüttel passieren wir an der Struckholt das Gelände des Albert-Schweitzer-Gymnasiums und des Vereins für Wassersport „Oberalster"

12 SAAL IM „ALSTERPARK", UM 1900

von 1912. Weiter unter der Hochbahn-Brücke hindurch, gelangen wir zum großen Kinderspielplatz, dessen am Hang gelegenes Spielgelände sich bis zum Parkplatz mit dem „Café Alsterwiesen" an der Wellingsbütteler Landstraße erstreckt. Zum Ufer der Alster hin, die hier einen großen Bogen schlägt, öffnet sich ein weitläufiges Gelände auf flachen Wiesen.

Wir setzen unseren Weg auf der Wellingsbütteler Seite der Alster fort. Das Tal ist hier eng und stellenweise von Steilufern gesäumt. Wir nutzen keine der vier Brücken, die im weiteren Verlauf den Besuch etwa des Teetzparks oder die Passage nach Hummelsbüttel (vgl. Tour 3) möglich machen, sondern

13 AUSFLUGSSZENE, UM 1900

biegen etwa einhundert Meter nach der Langwischbrücke, den Hinweisschildern zum Herrenhaus Wellingsbüttel folgend, rechts ab und erreichen das Gelände um das Wellingsbüttler Torhaus.

4 ALSTERWANDERWEG

Der im Torhaus des Wellingsbüttler Herrenhauses residierende Alsterverein (vgl. Tour 4) verfolgt das Ziel, neben der Heimatkunde den Naturschutz zu fördern. So soll nicht nur die Landschaft geschützt, sondern auch die Erkundung ihrer Schönheit ermöglicht werden. Hierfür wurden brachliegende ehemalige Treidelpfade (die notwendig waren, um die Alsterkähne ungehindert durch Bewuchs am Ufer an Leinen flussaufwärts ziehen zu können, Abb. 14) in Wege umgewandelt (Abb. 15). Bereits seit den 1930er Jahren bestand die Idee, einen durchgehenden Wanderweg entlang der Alster einzurichten. Schwierige Eigentumsrechte und der Zweite Weltkrieg verzögerten zunächst die Umsetzung. Seit Mitte der 1950er Jahre kann man auf insgesamt 37 Kilometern Länge – von Kayhude bis zur Mündung in die Elbe, teilweise sogar an beiden Ufern – an der Alster entlangwandern. Der Hamburger Wanderverein hat den Weg, dessen

14 TREIDELNDE FRAUEN AM LEINPFAD, KOLORIERTE STRICHZEICHNUNG 17./18. JAHRHUNDERT

größter Teil ab Kayhude direkt am Ufer verläuft, mit gelben Richtungs-
pfeilen gekennzeichnet. Ohne das Engagement des Alstervereins wäre der
öffentliche Zugang zur Alster über weite Strecken nicht möglich, denn
allzu häufig wurden die Rechte privaten Eigentums (ausgedehnte private
Grundstücke etwa, die ursprünglich direkt an den Fluss grenzten) über
das Wohl der Gemeinschaft gestellt.

Der Alsterwanderweg ist heute auch Bestandteil des Jakobswegs. Den
in Spanien sprichwörtlichen Satz „Der Jakobsweg beginnt im eigenen
Haus" nehmen immer mehr Pilger wörtlich: Sie starten ihre Wander-
schaft am Heimatort und nutzen das weite Netz von Jakobswegen, das in
den vergangenen Jahren in Europa entstanden ist. Die Via Baltica, auch
Baltisch-Westfälischer Weg genannt, ist eine von insgesamt zwei Routen
in Deutschlands Norden. Sie folgt weitgehend dem Verlauf der alten Ost-
see-Handelsstraße und verläuft von der Insel Usedom über Rostock und
Wismar nach Lübeck und von dort weiter über den Alsterwanderweg in
die Hamburger Innenstadt, um dann an der Hauptkirche St. Jacobi (die
ihre Gründung der Pilgerbewegung verdankt) vorbei nach Bremen und Os-
nabrück zu führen. Mit den sich anschließenden Wegen in Westfalen ist
eine direkte Verbindung Richtung Süden hergestellt. Das Kennzeichen der

Jakobspilger, die goldene Muschel auf blauem Grund, markiert die Strecke.

Wir schieben das Rad durch den Torbogen des Torhauses und folgen der mit Linden gesäumten Christian-Boeck-Allee (Abb. 16), bis diese nach fünfzig Metern in einem halbrunden, von einer steinernen Balustrade gefassten Platz endet.

15 ALSTERWANDERWEG AUF DEM EHEMALIGEM TREIDELPFAD BEI WELLINGSBÜTTEL, UM 1930

Von hier werfen wir den Blick noch einmal zurück und betrachten die axiale Ausrichtung von Herrenhaus, Torbogen und Allee, um dann linker Hand dem Weg hinunter zurück zum Alsterwanderweg zu folgen. Dort setzen wir unsere Tour flussaufwärts – nun im Wissen, wem der Dank für die Einrichtung dieser „Uferpromenade" gebührt – fort.

5 RANDEL/„JUNGE HAMBURGER"

Wir biegen rechts auf den Wanderweg ein, der auf den folgenden 200 Metern wunderbar breit ausgeführt ist. Die Buchenriesen linker und rechter Hand lassen uns nun unter einem Himmel aus Laub radeln. Am Ende der 200 Meter langen Geraden folgen wir an der Weggabelung nicht links dem Wanderweg, sondern nehmen den Pfad hang-

16 CHRISTIAN-BOECK-ALLEE

17+18 GASTHOF „ZUM HOHEN BUCHSBAUM", UM 1850, UND „WALDHOF", UM 1900

aufwärts. Oben angekommen geht es hundert Meter geradeaus weiter auf der asphaltierten Friedrich-Kirsten-Straße, an deren Ende wir links auf den Wellingsbüttler Weg stoßen und damit auch zum Grundstück des „Randel" mit seinem schönen Randelpark gelangen. (Die Tennisanlage direkt an der Straßenecke gehört zum Besitz der Familie Randel.)

Wir haben erneut eine Alstertaler Gaststätte erreicht. Seit 1840 betreibt die Familie Randel das Café und Restaurant, das ursprünglich „Zum hohen Buchsbaum", später „Waldhof" hieß und heute den Namen der Gründerfamilie trägt (Abb. 17 + 18). Das Gebäude wurde 1901 errichtet, nachdem ein Blitzeinschlag 1899 den Vorgängerbau zerstört hatte. Der 30 000 Quadratmeter große Park ist seitdem unverändert geblieben und stellt eine harmonische Verbindung zwischen seinen kultivierten Bereichen um das Gebäude herum (Lindenallee, Terrassen, Rosengarten, Rhododendren, Pavillons) und den mit Buchen bestandenen Hängen hinunter zum Ufer der Alster her. Das Ensemble steht heute unter Denkmalschutz, was nichts daran ändert, dass Haus und Garten dringend auf die notwendige Sanierung warten, deren immense Kosten die Eigentümer zu überfordern drohen (der direkte Zugang zum Grundstück vom Alsterufer aus war bis vor einiger Zeit möglich, ist momentan aus Sicherheitsgründen jedoch verboten). So öffnet das „Randel" seit 2013 seine Tore nur noch für Feierlichkeiten, während 2006 nebenan das Restaurant „del" eröffnete

(Abb. 19 + 20). Genauso wie Architektur und Innenausbau des „del" Altes und Neues mischen und eine Kombination aus den historischen Elementen der 1820 errichteten Scheune und modernem Design herstellen, serviert die Küche gern traditionelle Gerichte, die sie jedoch auf neue Weise interpretiert.

Bereits 1893 stieg der junge Maler Arthur Illies (1870–1952) im Randel ab, um im Freien malen zu können. Ein Jahr vorher hatte Illies Alfred Lichtwark kennengelernt. Nach der Vorstellung des Direktors der Hamburger Kunsthalle sollte Heimatverbundenheit die Grundlage jeden künstlerischen Schaffens sein, und so strebte Lichtwark die Wiederbelebung einer Hamburger Malschule an. Vorbilder waren die Bilder der französischen Impressionisten, besonders die Werke Claude Monets, die dieser in seinem eigenen Garten in Giverny bei Paris geschaffen hatte. Das Malen der Natur in der Natur ist ein Grundprinzip dieser Kunst, und Lichtwark begann, junge Hamburger Künstler zu motivieren, dem französischen Vorbild nachzueifern. Der Museumsmann lockte die jungen und meist „klammen" Maler mit der Vergabe öffentlicher Aufträge und Ankäufe durch die Kunsthalle im Rahmen des Aufbaus einer Sammlung mit Hamburger Kunst (in der wiedereröffneten und umgebauten Hamburger Kunsthalle werden Werke aus diesem Programm in einem neuen Saal „Kunst in Hamburg" ausgestellt).

19+20 GASTHOF RANDEL UND „DEL" IN DER ALTEN SCHEUNE

21 PAUL KAYSER, PANORAMA DES ALSTERTALS (ENTWURF FÜR EIN WANDBILD), 1900

Schon bald wurde Illies auf seinen künstlerischen Ausflügen in die Natur von seinen Malerfreunden begleitet. Zusammen mit Ernst Eitner (1867–1955) mietete er sich 1894 im Gasthof „Alsterhöhe" am Wellingsbüttler Weg ein: „Das Alstertal war hell und farbenfroh. Die Farbigkeit des Lichts war hier entscheidend." Weitere Künstler folgten, bis sich der Kreis um Illies und Eitner auf Anregung Lichtwarks mit Julius von Ehren, Friedrich Schaper, Paul Kayser, Arthur Siebelist, Thomas Herbst und Julius Wohlers 1897 zum „Hamburgischen Künstlerclub", auch die „Jungen Hamburger" genannt, zusammenschloss. Seine Mitglieder malten fortan die hamburgische Landschaft des Alstertals und nicht etwa, wie Lichtwark ursprünglich beabsichtigt hatte, die Landschaft an der Elbe (vgl. Exkurs „Hamburgischer Künstlerclub von 1897' in der Galerie Commeter", S. 195). Die Maler des Hamburgischen Künstlerclubs schufen zahlreiche impressionistische Gemälde, Zeichnungen und Grafik mit Motiven von der Oberalster, die uns diese Landschaft auf eindrucksvolle Weise näherbringen (Abb. 21).

„HAMBURGISCHER KÜNSTLERCLUB VON 1897" IN DER GALERIE COMMETER

Das Statut des Hamburgischen Künstlerclubs, auch die „Jungen Hamburger" genannt, der 1897 im „Café Felber" am Steindamm gegründet wurde, sah vor, dass die Mitglieder (anfangs Julius von Ehren, Ernst Eitner, Arthur Illies, Paul Kayser, Friedrich Schaper, Arthur Siebelist und Thomas Herbst) zweimal im Jahr an einer Gemeinschaftsausstellung teilnehmen sollten.

Zunächst stellte die Kunsthalle dafür ihre Räume zur Verfügung, stieß in der Hamburger Öffentlichkeit aber auf erheblichen Widerstand, denn die neue Malerei war Gegenstand äußerst kontroverser Diskussionen. Die hellen, schrillen Farben und die ungewohnte Auswahl der Bildmotive (impressionistische Landschaftsbilder und Szenen aus dem Alltag der „kleinen Leute") wurden als Affront gegen die akademische Kunst der wilhelminischen Ära empfunden. Bei ihren Gegnern hatte die „Sammlung von Bildern aus Hamburg", die der Kunsthallendirektor Alfred Lichtwark fortwährend ausbaute und in der überwiegend Arbeiten der „Jungen Hamburger" vertreten waren, bald den Ruf eines „Schreckenskabinetts".

PLAKAT VON ARTHUR ILLIES, 1895

Als Arthur Illies für die „Grosse Kunstausstellung des Hamburger Kunstvereins in der Kunsthalle zu Hamburg 1895" ein Plakat entwarf, auf dem er sich selbst mit entblößtem Oberkörper und selbstbewusstem Blick in Richtung des Betrachters vor einer Alsterlandschaft darstellte, ging ein Aufschrei des Entsetzens durch die Hamburger Gesellschaft. Indem ein nackter (Ober-)Körper in freier Natur dargestellt wurde, schienen die Gesetze der Sittlichkeit aufs Ärgste missachtet worden zu sein. Erst nachdem Illies sich bereit erklärte, den Entwurf zu überarbeiten, und mit einigen

Pinselstrichen zumindest den Zipfel einer Bekleidung andeutete, war der Skandal ausgestanden.

Infolge der öffentlichen Auseinandersetzungen traf Lichtwark schließlich eine Übereinkunft mit Hamburgs ältester Kunstgalerie, der Galerie Commeter, sodass die Ausstellungen der Künstlergruppe ab dem Jahr 1900 in den Galerieräumen stattfinden konnten. Die Galerie ging auf eine Kunst- und Papierhandlung zurück, die der Kunsthändler Georg Ernst Harzen (1790–1862) bereits 1821 in der Johannisstraße 48 eröffnet hatte und in der ein Jahr später auch der Kunstverein residierte. 1824 wurde die Kunst-Handlung in „C.M. Commeter" umbenannt, nachdem Harzen die Geschäftsleitung an Johann Matthias Commeter (1791–1869) übergeben hatte. Zusammen prägten Harzen und Commeter das Kunstleben in Hamburg bis zur Mitte des 19. Jahrhunderts maßgeblich. Die Sammlung Harzen-Commeter mit 30 000 Blatt Künstler-Grafik, die Harzen zum Teil vor dem Großen Brand 1842 gerettet hatte, wurde der Stadt Hamburg vermacht und so zum Grundstock für das Kupferstichkabinett in der Kunsthalle. Ohne das Studium der Sammlung Harzen und Commeter, schrieb Alfred Lichtwark einmal, sei „eine tiefere künstlerische Bildung in Hamburg nicht zu erwerben".

Die Wiederbelebung der Künstlergrafik – festgeschrieben im Statut des „Hamburgischen Künstlerclubs"– war auch ein Anliegen der Galerie Commeter. Diese produzierte Grafiken für den eigenen Kunstverlag, während die „Jungen Hamburger" im Keller der Kunsthalle die von Lichtwark angeschaffte Druckpresse bedienten und ihre Grafikmappen herstellten.

Die Galerie Commeter arbeitet noch immer in ihren 1908 bezogenen Räumen in der heutigen Bergstraße 11, der Hamburgische Künstlerclub hingegen löste sich 1907 nach nur zehnjährigem Bestehen wieder auf.

Wir fahren nun denselben Weg zum Alsterufer zurück und biegen, im Tal angekommen, rechts auf den Alsterwanderweg ein. Das Tal Richtung Poppenbüttel radelnd, begleitet uns eine Äußerung des Kunstsammlers und Mäzens Gustav Schiefler: „[...] und immer wenn sich der Fluss dem Auge bietet, taucht wieder ein ‚Illies' auf." Wie auch auf den vorangegangenen Abschnitten verläuft der Weg hier vorbei an zum Teil steil ansteigenden Hängen des Tals, aus deren Buchenwäldern beeindruckende Baumriesen emporragen. Nach nur etwa 300 Metern unterqueren wir die Bäckerbrücke, passieren die Poppenbüttler Schleuse und radeln mit Blick hinauf zur Burg Henneberg am Hohenbuchenpark vorbei bis zur Mellingburger Schleuse.

 **MELLINGSTEDT**

Dort angekommen, überqueren wir die Mellingburger Schleuse und folgen rechts dem Mellingburger Stieg, der steil ansteigt und einen wunderschönen Blick hinunter zur Schleuse und auf den Flußlauf bietet. Das ansteigende Gelände linker Hand gehörte zum ehemaligen Landsitz der Familie Schiefler. Gustav und Luise Schiefler erwarben hier 1906 ein 88 000 Quadratmeter großes Grundstück und bauten sich ein Landhaus. Schiefler, als Jurist in Hamburg tätig, war mit Alfred Lichtwark befreundet und hatte über diesen Kontakt zu zahlreichen Künstlern erhalten. Die Schieflers kauften deren Kunst und entwickelten sich bis in die 1930er Jahre zu wahren Kunstmäzenen. Nicht nur der Kreis des Hamburger Künstlerclubs,

22 ERICH HECKEL, DIE MELLINGBURGER SCHLEUSE, 1913

198 sondern auch die Mitglieder der Künstlervereinigung „Die Brücke" gingen bei den Schieflers ein und aus.

1907 war Karl Schmidt-Rottluff (1884–1976) der Erste, der das Paar in Mellingstedt besuchte, ihm folgten Erich Heckel (1883–1970) und Emil Nolde (1867–1956). Während der Aufenthalte unternahmen die Künstler Wanderungen im Alstertal, denen sich die Entstehung von Gemälden wie etwa „Die Mellingburger Schleuse" von Erich Heckel (Abb. 22) verdankt. Während die „Brücke" erst 1905 gegründet wurde, löste sich der „Hamburgische Künstlerclub von 1897" bereits 1907 wieder auf. Zu unterschiedlich entwickelte sich die Kunst der Mitglieder (insbesondere nachdem 1903 die Schüler von Siebelist, Friedrich Ahlers–Hestermann, Franz Nölken, Fritz Friedrichs, Walter Alfred Rosam, Walter Voltmer, in die Gruppe aufgenommen wurden), sodass eine einheitliche Arbeitsweise oder ein Schulzusammenhang nicht mehr gegeben war. Lichtwark zeigte sich davon tief enttäuscht und erklärte das Vorhaben, eine „Hamburger Schule" aufzubauen, für gescheitert. Die zunehmende Orientierung der Maler an internationalen Kunstbewegungen wie etwa den Fauves, den Neoimpressionisten und den Nabis liefen Lichtwarks Vorstellungen zuwider (Abb. 23). Gegen die stark farbige Grafik von Arthur Illies (Abb. 24), für die sich die Brücke-Künstler bei Schiefler begeisterten und die bei ihnen einen nachhaltigen Einfluss hinterlassen haben dürfte, hegte Lichtwark eine tiefe Antipathie. Gustav Schiefler hatte den Kontakt zu den Wegbereitern des deutschen Expressionismus seit Gründung der Künstlergruppe in Dres-

23 ARTHUR ILLIES, AKT IM ALSTERTAL, 1900

24 ARTHUR ILLIES, WIESENBACH (ALSTER), 1900

den aktiv gesucht. Später gehörte er selbst zu den passiven Mitgliedern der „Brücke" und begann 1917 mit der Katalogisierung der Druckgrafik von Ernst Ludwig Kirchner (1880–1938).

Der Mellingburger Stieg mündet in die Straße Treudelberg, wo das ehemalige Schiefler-Landhaus mit der Nr. 43 erhalten ist. In der Nachbarschaft wurden in den 1980er Jahren, der damaligen Vorstellung von exklusiver Bauweise für gehobene Ansprüche folgend, Mehrfamilienhäuser mit Styropor-Stuckfassaden gebaut. Wir folgen dem Huusbarg (das Haus von Arthur Illies, ehemals Nr. 71, existiert nicht mehr) bis zur Einmündung des Kuhredders. Hier steht noch ein Reetdachhaus, dessen Giebelbeschriftung „Gasthaus H. Witte" uns seine ehemalige Bestimmung verrät. Wir biegen gegenüber auf den Wanderweg ein, halten uns links und überqueren nach etwa 150 Metern die Twietenkoppelbrücke. Dieser Flussabschnitt hat nicht umsonst die Künstler in Verzückung versetzt. Teils von flachen

Wiesen, teils von Steilufern gesäumt und von Ästen überspannt, fließt die Alster hier gemächlich durch ihr Tal. Weiter geht es den Hang hinauf. Oben angekommen biegen wir links in die Straße Kortenland, an deren Ende der Weg wieder zum waldigen Alsterufer schwenkt. Nach nur etwa 200 Metern überqueren wir die Trift (aufgepasst, der Autoverkehr ist teils belebt und für uns ruheverwöhnten Radler überraschend).

7 RODENBEKER QUELLENTAL

Wir sind nun im Naturschutzgebiet (NSG) Rodenbeker Quellental angekommen, das hier mit seiner westlichen Flanke bis an den Alsterlauf heranreicht. In südlicher Richtung wird das Gebiet durch die Rodenbek begrenzt und im Norden durch Haupt- und Nebenarme der sich vereinenden Lottbek und der Bredenbek. Die Mündungsgebiete dieser Alsternebenflüsse sind jeweils von zahlreichen kleinen Teichen und Tümpeln geprägt. Während unweit im Süden das NSG Hainesch Iland (vgl. Tour 5) anschließt, reicht die Perlenkette der Naturschutzgebiete im Norden über den Wohldorfer Wald bis zum Duvenstedter Brook.

Innerhalb der Schutzgebiete verfügt das ansonsten eng umbaute Gebiet über wertvolle Nachweise der Landschaft im Alstertal vor seiner Besiedelung. Im Mittelalter erstreckten sich die Waldgebiete von der Alster über Segeberg bis nach Kiel. Daneben verfügt das Alstertal durch das Anschneiden von Quellenschichten über einen nicht versiegenden Wasserzulauf und dadurch über moorige Böden. In den Auen wachsen vor allem Erlen. Diese Bruchwälder auf nassen und moorigen Böden sind die schönsten Hamburgs und der geeignete Ort, um uns mit der Namensgebung des Flusses bekannt zu machen: Der erste Teil, also „Al", verweist auf eine alte Bezeichnung für Erlen, der zweite Teil „ster" bezeichnet im Indogermanischen das Fließen und Strömen – zusammen also „der Fluss, der an Erlen vorbeifließt".

Am Eingang zum Quellental passieren wir den Quellenhof am Mühlenteich. Hierbei handelte es sich ursprünglich um die Tanzgaststätte

25 POSTKARTE „RODENBECKER QUELLENTHAL", UM 1898

„Rodenbecker Quellenthal", die Namensgeber für das Naturschutzgebiet wurde (Abb. 25). Von der bereits 1345 urkundlich erwähnten Mühle ist nur ein Mühlstein im Garten des heutigen Restaurants und natürlich der Mühlenteich, heute „Rodenbeker Teich", erhalten. Wir lassen die Gaststätte rechts liegen (sonntags bekommt man hier hausgeräucherte Forellen) und folgen dem Alsterwanderweg durchs Quellental – wer mag, nimmt einen der vielen Abzweige und fährt einen kleinen Schlenker durch das Innere des Gebiets, um noch tiefer einzutauchen in die Stille des Waldes. Sofort sind wir umgeben von der üppigen, verwunschenen Waldlandschaft mit Buchenriesen, Erlenbruchwäldern und plätschernden Bächen. Die scheinbar unberührte Natur lässt uns fast vergessen, wie nah auch hier die Zivilisation gerückt ist. Nichtsdestotrotz beheimatet dieser Landschaftsabschnitt 2000 Tierarten, zu denen seit 2006 auch wieder der Fischotter gehört. Nach 1940 war er in Hamburg nicht mehr gesehen worden und ist nun über Osteuropa zurückgekehrt. Wie viele Exemplare hier leben, ist nicht bekannt. Weiterführende Informationen sind über den Verein „Aktion Fischotter e.V." erhältlich.

Nachdem wir die Mündung der Bredenbek in die Alster überquert haben, lassen wir das NSG hinter uns und erreichen die weitläufigen Wiesen am Haselknick mit Spiel- und Campingplatz sowie Ausflugsrestaurant. Wer möchte, kann einen Abstecher über den Haselknickweg nach

Ohlstedt in den Wohldorfer Wald machen oder folgt einfach weitere 1500 Meter dem Wanderweg nach Norden und wechselt noch zweimal die Uferseite, bis die Bebauung immer dichter an die Alster heranreicht.

8 WOHLDORFER SCHLEUSE IN DUVENSTEDT

Die Gebäude gehören bereits zu Duvenstedt, wo der Weg unvermittelt aus dem Tal hoch zur Wohldorfer Schleuse am Schleusenredder schwenkt. Hier mündet die von Osten kommende Ammersbek in die Alster. Nur zwanzig Meter weiter rechts steht noch das restaurierte Schleusenwärterhaus (Abb. 26). Wie die meisten der Oberalster-Schleusen ist auch die erstmals 1448 errichtete Anlage in Duvenstedt eine einfache Stauschleuse (Wehr). Wer mag, radelt links hoch in den Duvenstedter Damm, wo das heutige Zentrum des Ortes zu finden ist, oder folgt rechts etwa 200 Meter dem Schleusenredder und besucht das Nahverkehrsmuseum Kleinbahn Wohldorf (Schleusenredder 10) im alten Bahnhof Wohldorf. Nach dem Anschluss an den Hamburger Personennahverkehr durch die Inbetriebnahme der elektrischen Kleinbahn 1907 (die Strecke führte über Volksdorf nach Alt-Rahlstedt) wurde Duvenstedt ein attraktives Ausflugsziel für die Hamburger Bevölkerung. Zahlreiche Restaurants und Hotels eröffneten nun. Zudem ließen sich zahlreiche Hamburger hier ganz nieder oder errichteten ihre Landhäuser. Das Bauerndorf verschwand, und der (seit 1937 zum Bezirk Wandsbek gehörende) Stadtteil mit seinen heute gut 6000 Einwohnern entstand.

Wir wechseln die Straßenseite, überqueren die Ammersbek und biegen wieder auf den Richtung Norden verlaufenden Wanderweg ein. Keine hundert Meter weiter müssen wir noch eine Straße überqueren (den Duvenstedter Triftweg), sind dann wieder zurück in der Natur und radeln vorbei an Pferdeweiden sowie etwas versprengt stehender Einzelhausbebauung. Die Alster sehen wir erst einen knappen Kilometer weiter, wo sie bereits auf Schleswig-Holsteiner Gebiet verläuft, wieder. Nicht mal eine Kanulänge ist der Fluss hier breit. In starken Windungen fließt er nicht mehr durch ein Tal, sondern, von flachen Ufern gesäumt, durch Wiesen-

und Waldlandschaft. Nach einem weiteren Kilometer erreichen wir die Wulksfelder Schleuse, an der wir uns von der Alster verabschieden und links dem Wulksfelder Weg bis zur Hofanlage von Gut Wulksfelde folgen. Ehrgeizige Fahrradfahrer können natürlich auch noch die letzten sechs Kilometer des Alsterwanderwegs bis zum Restaurant Heidkrug bei Kayhude zurücklegen. Bis 1802 wurde dort der Segeberger

26 SCHLEUSENWÄRTERHAUS AN DER WOHLDORFER SCHLEUSE

Kalk vom Wagen auf die Alsterböcke umgeladen, um in die Hamburger Innenstadt verschifft zu werden. Bis zur Alsterquelle (vgl. Exkurs „Kleine Geschichte der Alsterschifffahrt", S. 204) im Henstedter Moor in der Nähe von Henstedt-Rhen sind es von hier noch weitere 19 Kilometer.

9 GUT WULKSFELDE

Die wechselvolle Geschichte des Gutes, auf dem heute die Gut Wulksfelde GmbH ökologischen Landbau betreibt, reicht von der ersten urkundlichen Erwähnung von vier Hufnern 1342 als „Wolkesuelde", das sich im Besitz des Hamburger Domkapitels befand, über die Borsteler Erbteilung 1588, die die Entstehung des Gutes Jersbek mit den Dörfern Wulksfelde, Rade, Bargfeld, Elmenhorst, Nienwohld und Stegen zur Folge hatte, sowie den Verkauf der einzelnen Höfe des Gutes Jersbek 1771 und die Existenz als eigenständiges Gut mit zahlreichen wechselnden Besitzern und Verwaltern bis zum Verkauf an die Stadt Hamburg 1966, der Verwaltung als Hamburger Staatsgut und der Verpachtung als Betrieb mit ökologischer Landwirtschaft 1989. Seit 2002 gehört die Gut Wulksfelde GmbH als „Demonstrationsbetrieb Ökologischer Landbau" zu einem Zusammenschluss von etwa 200 solchen Musterbetrieben bundesweit.

27 GUT WULKSFELDE

Der Unternehmer Georg Uhrlaub, der das Gut 1821 erwarb, ließ das heutige Gutshaus 1860 von dem späteren Rathausarchitekten Martin Haller errichten. Das Gebäude wie die Parkanlagen wurden nicht restauriert. Der heutige Komplex (Abb. 27) besteht aus dem Gutshaus, der Gutsbäckerei, dem Bio-Lieferservice, dem Hofladen, dem Restaurant „Gutsküche", der Gutsgärtnerei und dem Tiergarten, aus Spielplatz sowie Stall- und Wohngebäuden. Insgesamt arbeiten hier etwa einhundert Menschen. Diverse Feste im Verlauf des Erntejahres locken neben den 4000 wöchentlichen Kunden im Hofladen zahlreiche Gäste an die Hamburger Stadtgrenze. So kommen wir über den Wulksfelder Weg quasi durch die Hintertür auf das Gelände, fahren am Schweinestall vorbei und nehmen auf der einladenden Terrasse des Restaurants Platz. Sollte dieses wegen „geschlossener Gesellschaft" für uns nicht geöffnet haben, steuern wir nebenan den ebenso einladenden Imbiss an, wo wir uns belohnen und bei Kaffee und Kuchen die zurückgelegten zwanzig Kilometer Revue passieren lassen können.

KLEINE GESCHICHTE DER ALSTERSCHIFFFAHRT

Bis 1400 verkehrten auf dem oberen Lauf der Alster keine Schiffe, sondern lediglich Flöße. Es war der Hamburger Bürgermeister Detlev Bremer (1403–1464), der schließlich den Plan entwickelte, die flößbare Alster in eine schiffbare umzuwandeln. Hierfür sollte ein Kanal die Verbindung von der Alten Alster (bis dato als Quellfluss der Alster angesehen) zur Norder-Beste in Holstein herstellen. Weiter über die Süder-Beste sollte Oldesloe erreicht werden, wo die Beste in die Trave mündet. Auf der Trave sollte dann Lübeck angesteuert werden können. Eine geniale Idee. Für den Handelsweg zwischen Lübeck und Hamburg, ein Teil der so wichtigen Route der Hanse von Nowgorod über Brügge nach London, stand eine enorme Aufwertung in Aussicht.

Zwei alternative Wege hatten die Kaufleute bis dahin wählen können. Entweder sie nahmen die gefährliche Route auf See über den Öresund und Skagen, um so die Nordsee zu erreichen, oder sie fuhren über die Ostsee bis Lübeck, weiter auf der Landstraße nach Hamburg und von dort über die Elbe zur Nordsee. Lübeck besaß das Stapelrecht an der Trave und bekämpfte deshalb das Ausweichen über den Sund. Der Landweg war jedoch sehr beschwerlich. In Lübeck wurden die Güter aus den Ostseeländern wie etwa Pelze, Wachs, Honig, Getreide, Flachs und Hanf auf Schuten umgeladen und bis Oldesloe transportiert. Dort mussten sie erneut auf Wagen umgeladen werden, um dann auf dem sogenannten „Königsweg" über Bargteheide, Bergstedt, Sasel und Bramfeld Hamburg zu erreichen (vgl. Tour 4). Von dort wurden in umgekehrter Richtung Bier, Wein, Tuchballen, Leinen, Metallwaren und Salz Richtung Ostsee transportiert. Der Weg über welliges und sandiges Gelände war zeitraubend und teuer. Außerdem gefährdeten Raubritter und Wegelagerer die Transporte, sodass letztlich die Route über den Sund bevorzugt wurde.

Mit dem Bau des von Bremer vorgeschlagenen Alster-Beste-Trave-Kanals wurde 1448 begonnen. Die Kosten hierfür wollten sich Hamburg, Graf Adolf VIII. von Holstein (Besitzer der Norder-Beste) und Lübeck teilen. Die Alster wurde zu einer gigantischen Baustelle. Zehn Stauwerke wurden allein am Alsterlauf errichtet. Letztendlich scheiterte das Vorhaben jedoch an technischen Schwierigkeiten. Durch den

Geländeanstieg um acht Meter im ersten Abschnitt zwischen Stegen und Süllfeld
und das anschließende Gefälle zur
neun Meter tiefer verlaufenden Norder-Beste rauschte das Wasser aus
dem Kanal davon. Zudem führte der
Kanal durch mooriges Gelände, was
die Befestigung der Ufer- und Stauanla-
gen erschwerte. Hamburg blieb letztlich
allein auf den Kosten sitzen und drohte
an dem Großvorhaben sogar bankrottzugehen.

ALSTERBOCK / ALSTERSCHUTE,
UM 1850

Nichtsdestotrotz wurde gut siebzig Jahre später ein zweiter An-
lauf für den Kanalbau unternommen. Zusammen mit Dänemark (an
das die Herrschaft der Schauenburger ab 1460 überging) und unter
der Bauleitung Hamburgs wurde das Projekt schließlich fertiggestellt,
sodass 1529 die ersten vier Schiffe den Kanal passieren konnten. Die
Fahrt von Lübeck nach Hamburg dauerte zwei bis drei Tage, in umgekehrter Richtung wurden an die 14 Tage benötigt. Von Hamburg bis zur
Fuhlsbüttler Schleuse wurden die Schiffe an Stangen gezogen und ab
Fuhlsbüttel getreidelt, also meist von Frauen mittels einer Leine (daher
der Name Leinpfad) am Ufer gezogen. Gefahren wurde in Flotten mit
vier bis 15 Einheiten, also offenen Steckelschiffen (später Alsterböcke
oder Alsterschuten genannt) von etwa 23 Metern Länge bei 4,5 Metern
Breite und mit einer Besatzung von vier bis fünf Mann.

Bereits 1550 musste der Kanal jedoch aufgegeben werden. Zu groß
waren auch jetzt noch die technischen Schwierigkeiten, die bereits den
ersten Versuch zum Scheitern gebracht hatten. Die Schiffbarkeit der
oberen Alster war allerdings gewonnen. Durch das Aufstauen an den
Schleusen konnten die Alsterböcke nun bei Öffnung der Schleuse auf
der „Welle" bis zur nächsten Schleuse gelangen. Das Fahren im Ver-
bund ermöglichte dabei die größtmögliche Ausnutzung einer jeden

Stauwelle, weshalb die Schiffer an den Schleusen nicht selten tagelang bis zur nächsten Öffnung warten mussten. Hier nächtigten sie und konnten sich verpflegen. Um selbst mitgebrachtes Essen zuzubereiten, wurde Brennholz mitgeführt und beim Schleusenmeister abgegeben. Dieser besaß zudem das Schank- und Fischrecht (und war außerdem oft noch Dorfschmied), was die Existenz von Gaststätten in Verbindung mit Schleusenanlagen erklärt.

Vor 1600 wurden selten mehr als dreißig Alsterböcke gezählt. Bis 1866 stieg ihre Zahl auf 126 Stück, nahm danach jedoch stetig wieder ab. Nach 1899 passierten gar keine Frachtkähne mehr die Fuhlsbüttler Schleuse, die während der Hochkonjunktur der Frachtschifffahrt auf der Alster 200 bis 300 Durchfahrten jährlich verzeichnet hatte. Seit dem 19. Jahrhundert nahm hingegen die private Nutzung der Alster durch Paddler und Ruderer immer weiter zu, und ab den 1850er Jahren verkehrten dann Dampfschiffe auf Binnen- und Außenalster. Der sich entwickelnde Alster-Linienverkehr beförderte um 1910 bis zu 11 Millionen Fahrgäste jährlich und unterhielt besonders in den Sommermonaten Verbindungen bis nach Ohlsdorf (zu dieser Zeit existierten Anleger am Lattenkamp und am Alsterdorfer Damm).

Seit 1984 ist der Linienverkehr eingestellt. Die Entwicklung des Personennahverkehrs, seit 1965 im Hamburger Verkehrs-Verbund (HVV) mit U- und S-Bahn sowie Buslinien organisiert, machte die gemütlichen Alsterschiffe unrentabel. Touristische Angebote nahmen derweil stetig zu, sodass 1977 die Alster-Touristik GmbH (ATG) gegründet wurde, unter deren Dach heute 18 Schiffe Rundfahrten auf Binnen- und Außenalster sowie den  angrenzenden Kanälen bis zum Stadtparksee, dem Barmbeker Museum der Arbeit und nach Ohlsdorf anbieten.

ALSTERDAMPFER DER ATG

CAFÉS / RESTAURANTS

Alsterpark Restaurant
Brombeerweg 12 C
www.alsterpark.de
→ *direkt am Alsterlauf gelegenes Restaurant mit Terrasse und französisch-mediterraner Küche*

Café Alsterwiesen
Wellingsbütteler Landstraße 117
www.cafe-alsterwiesen-hh.de
→ *beliebter Imbiss am großen Alsterspielplatz*

del – Restaurant und Lounge
Poppenbüttler Landstraße 1 C
www.del-restaurant.de
→ *außergewöhnlicher Gastraum in einer 200 Jahre alten Scheune mit schönem Garten*

Gasthaus Offen
Lemsahler Dorfstraße 39
www.gasthaus-offen.de
→ *Dorfgasthof, der alljährlich das Wald-dörfer-Bingo „Schweinelotto" veranstaltet*

Gasthaus Quellenhof
Rodenbeker Straße 126
www.gasthaus-quellenhof-hh.de
→ *seit 1920 familiengeführte Gaststätte mit großem Garten, direkt im Naturschutz-gebiet Rodenbeker Quellental*

Gutskaffee
Wulksfelder Damm 15
www.gutskueche.de / gutskaffee
→ *Selfservice-Café im Holzhäuschen auf dem Gelände des Gutes*

Gutsküche Wulksfelde
Wulksfelder Damm 15
www.gutskueche.de
→ *Restaurant mit hellem Gastraum und offener Küche, in dem nachhaltige, kreative Landhausküche serviert wird*

Zur-Ratsmühle
Ratsmühlendamm 2
www.zur-ratsmühle.de
→ *rustikale Gaststätte am alten Fuhlsbüttler Mühlenteich*

LÄDEN

Buchhandlung Klauder
Duvenstedter Damm 41
www.buchhandlung-klauder.de
→ *kleiner inhabergeführter Buchladen mit mit breitem Angebotsspektrum*

Hofladen Gut Wulksfelde
Wulksfelder Damm 15–17
www.gut-wulksfelde.de
→ *Bioladen mit Lieferservice und kleinem Tierpark sowie Schweinestall nebenan*

Lerche im Alstertal
Poppenbütteler Chaussee 1
www.lerche-im-alstertal.de
→ *Schreibwarenladen mit großem Angebot vom edlen Schreibgerät bis zu Schulranzen und Geschenkartikeln.*

HOTELS

Steigenberger Hotel Treudelberg
Lemsahler Landstraße 45
www.steigenberger.com
→ *Hotelkomplex im Grünen mit 18-Loch-Golfplatz und Tagungszentrum*

FREIZEIT / SPORT

Allgemeiner Deutscher Fahrrad Club (ADFC)
Im Grünen Grunde 1 C
www.adfc.de
→ *Infoladen des ADFC*

Bootshaus Töns
Ratsmühlendamm 2
www.bootsvermietung-toens.de
→ *Bootsverleih am Restaurant Zur Ratsmühle*

Oberalsterverein für Wassersport
Welllingsbütteler Landstraße 43 A
www.oberalstervfw.de
→ *1912 als reiner Kanuverein gegründet, bietet er heute an der Alster u.a. Tischtennis, Fußball, Tanzen an.*

Uhlenhorster Hockeyclub (UHC)
Wesselblek 8
www.uhc.de
→ *bereits 1901 gegründeter Tennis- und Hockeyclub*

SOZIALES / NON-PROFIT

Backstube Fuhlsbüttel e.V.
Am Hasenberge 48
www.backstubefuhlsbuettel.de
→ *stadtteilbezogene Kulturarbeit mit vielfältigem Kursangebot und mietbaren Räumlichkeiten*

Grüner Saal
Im Grünen Grunde 1 D
www.gruener-saal.de
→ *denkmalgeschützter ehemaliger Kassenraum des Familienbades Ohlsdorf, der für Veranstaltungen und private Feiern gemietet werden kann*

Willi-Bredel-Gesellschaft
Im Grünen Grunde 1 C
www.bredelgesellschaft.de
→ *größte der 15 Hamburger Geschichtswerkstätten, die die Dauerausstellungen in den wiederentdeckten Zwangsarbeiterbaracken am Hamburger Flughafen (Wilhelm-Raabe-Weg 23) eingerichtet hat*

210   Einleitung

- Alsterverein e.V. (Hg.): Jahrbuch des Alstervereins (JAV), Hamburg 1901 ff.
- Hamburger Hochbahn AG (Hg.): Stationen Hamburger Architektur. Die Hochbahn setzt Zeichen. Seit 100 Jahren, verantwortlich: Frank Moldrings, Text: Friedhelm Grundmann, Hamburg 2008.
- Hipp, Hermann: Freie und Hansestadt Hamburg. Geschichte, Kultur und Stadtbaukunst an Elbe und Alster, 3. Aufl., Köln 1996.
- Marg, Volkwin / Fleher, Gudrun: Architektur in Hamburg seit 1900. Ein Führer zu 192 sehenswerten Bauten, Hamburg 1983.
- Pohlmann, Alfred / Schreyer, Alf / Kettel, W.O. Paul: Erlebte Alsterlandschaft. Die Alster von der Quelle bis Alsterdorf, Hamburg 1969.
- Rosenfeld, Angelika: Alstertal-Lexikon: Historisches Handbuch: Bergstedt – Duvenstedt – Hummelsbüttel – Lemsahl-Mellingstedt – Klein Borstel – Poppenbüttel – Sasel – Wellingsbüttel – Wohldorf-Ohlstedt, Hamburg 2009.
- Rosenfeld, Angelika: Als im Alstertal noch Schiffe fuhren. Geschichte und Geschichten über die Schiffahrt auf der Oberalster, Hamburg 1989.
- Schubert, Dirk / Harms, Hans: Wohnen in Hamburg – Ein Stadtführer zu 111 ausgewählten Beispielen, Hamburg 1989.
- Schumacher, Fritz: Das Werden einer Wohnstadt. Bilder aus dem neuen Hamburg, Nachdruck der Ausgabe v. 1932, mit einem Vorwort von Hermann Hipp, Hamburg 1984.
- Sparmann, Friedrich: Links und rechts der Oberalster. Eine kleine Heimatkunde, Hamburg o.J. [1964].
- Staisch, Erich: Hamburg und sein Stadtverkehr. Vom Pferdeomnibus zur Stadtschnellbahn. Eine 150-jährige Fahrt durch Hamburg, Hamburg 1989.

Alsterdorf

- Beck, Jens / Voss, Ralf G.: Die Alster. Ein Fluß prägt die Stadt, Hamburg 1999.
- Bürgerverein Fuhlsbüttel (Hg.): Das Alstertal. Ausflugsziel von damals. 1890–1914. Fuhlsbüttel, Hummelsbüttel, Klein Borstel, Ohlsdorf, Hamburg 1975.
- Gretzschel, Matthias / Zapf, Michael: Hamburgs Alster, Hamburg 1997.
- Melhop, Wilhelm: Die Alster – geschichtlich, ortskundlich und flußbautechnisch beschrieben, Hamburg 1932.
- Schultz, Gerhard: Die Gartenstadt wird 75, in: Alster-Dorfzeitung 9 / 2010, hrsg. vom Bürgerverein Alsterdorf e.V., Hamburg 2010.

Alstertal allgemein

- Birke, Otto (Hg.): Alstertal-Truhe. Heimatgeschichtliches aus dem Alstertal und den Walddörfern, Hamburg-Fuhlsbüttel: Alstertal-Bote o.J. [1927].

• Das Alstertal im Wandel: Poppenbüttel, Wellingsbüttel, Klein Borstel, Hummelsbüttel in alten und neuen Bildern. Fotografiert von Ewald Nagel, Arne Wolter und Uwe Schubert mit Texten von Arne Wolter und Dr. Jürgen Ehlers, Hamburg 1992.
• Hesse, Richard (Hg.): Das Alstertal – Ausflugsziel von damals, 1890–1914. Photographien, Ansichtspostkarten, Anzeigen, Kartenausschnitte, Arbeiten des Kunstmalers Ernst Eitner, Hamburg 1977.
• Kluyver, Urs / Schiller, Bernd: Das Alstertal: Hummelsbüttel, Wellingsbüttel, Sasel, Poppenbüttel, Lemsahl-Mellingstedt, Duvenstedt und der Brook, Hamburg 1997.
• Rosenfeld, Angelika: Vor langer Zeit im Alstertal … Feste im Jahres- und Lebenslauf, Rezepte, Kleidung, Haus und Hof, Spiele, Hausmittel, Aberglauben, Wetterregeln, Reime, Sprichwörter und Redensarten, Lieder, Sagen, Hamburg 1988.

Bergstedt

• Cordes, Karin: Wir in Bergstedt, Hamburg 2015.
• Peters, Jan: Chronik der Kirchengemeinde Bergstedt alten Umfangs und nach Abtrennung der Kirchengemeinden Tangstedt und Bramfeld, o.O. 1996.
• Schreyer, Alf: Liebes altes Bergstedt. Bilder aus der Vergangenheit, Hamburg 1991.
• Sparmann, Friedrich: Bergstedt. Die 850-jährige Geschichte eines Kirchspieldorfes, Hamburg 1973.
• Wischmann, Edith: Bäcker Brandts Butterkuchen: Kindheit und Jugend in den 1940er und 50er Jahren in Hamburg-Bergstedt, Kellinghusen o.J. [2006].

Fuhlsbüttel

• Bürgerverein Fuhlsbüttel (Hg.): Gruß aus Fuhlsbüttel und Umgebung. Bilder und Begebenheiten 1895–1912. Fuhlsbüttel, Hummelsbüttel, Klein Borstel, Ohlsdorf, Hamburg 1972.
• Bürgerverein Fuhlsbüttel (Hg.): Durch Fuhlsbüttel und Hummelsbüttel, 1934–1948. Hummelsbüttel, Klein Borstel, Ohlsdorf, Hamburg 1977.
• Clasen, Armin: Fuhlsbüttel und Ohlsdorf. Aus der Geschichte zweier hamburgischer Dörfer und Gemeinden, Hamburg 1963.
• Evangelische Stiftung Alsterdorf (Hg.): alsterdorf. Magazin der Evangelischen Stiftung Alsterdorf, Nr. 24–26, 150 Jahre Evangelische Stiftung Alsterdorf. Teil 1–3, Hamburg 2013.
• Fuhlsbüttel 1948–1977. Photographien, Kartenausschnitte, Zeichnungen, Skizzen, Anzeigen. Ausgewählt und zusammengestellt von Richard Hesse, hrsg. vom Bürgerverein Fuhlsbüttel, Hummelsbüttel, Klein Borstel, Ohlsdorf von 1897 e.V., Hamburg 1977.
• Sammet, Kai: Patienten und Psychiater. Versorgung psychisch Kranker in Hamburg 1848 bis 1933, in: Andocken. Hamburger Kulturgeschichte 1848 bis 1933, hrsg. von Dirk Hempel und Ingrid Schröder, Hamburg 2012.
• Sengelmann, Manfred: Zeitsprünge. Hamburg-Fuhlsbüttel, Erfurt 2004.

• Wunder, Michael / Genkel, Ingrid / Jenner, Harald: Auf dieser schiefen Ebene gibt es kein Halten mehr. Die Alsterdorfer Anstalten im Nationalsozialismus, hrsg. von Rudi Mondry, 2. Aufl., Hamburg 1988.

Hummelsbüttel

• Clasen, Armin / Rehders, Walter, in Gemeinschaft mit G. Apel: Hummelsbüttel und Poppenbüttel: Geschichte zweier Dörfer und ihrer Höfe, Hamburg 1938.
• Müller, Hans-Gerhard: Liebes altes Hummelsbüttel. Bilder aus vergangenen Tagen, Hamburg 1980.
• Steinfath, Heinrich: Hummelsbüttel. Grützmühle und Hallenhäuser. Leben unter dem Strohdach, Hamburg 1986.
• Uhlig, Lieselotte: Was die Bäume vom alten Hummelsbüttel erzählen, o.O. 1996.

Klein Borstel

• Gleßmer, Uwe / Jäger, Emmerich: Zur Entstehungsgeschichte der Gemeinde in Klein Borstel und der Kirche Maria-Magdalenen als Bau- und Kunstwerk der Architekten Hopp und Jäger mit dem Maler Hermann Junker, Norderstedt 2016.
• Möller, Kurt Detlev: Aus der Geschichte Klein Borstels, Hamburg 1954.
• Samuel, Peter / Lang, Jörn (Hg.): Protest: Bürgerbewegung für den Erhalt des Postamtes in Klein Borstel. Eine Dokumentation über die Aktivitäten der Klein Borsteler Bürger in, um und für ihr Postamt, Hamburg 1993.
• Thiele, Manfred: Klein Borstel – ein Dorf in Hamburg, Hamburg 1994.
• Timm, Klaus: Geschichten aus Klein Borstel, Hamburg 2003 ff.

Poppenbüttel

• Mirow, Jürgen (Hg.): Poppenbüttel. Porträt eines Stadtteils, Hamburg 2003.
• Rosenfeld, Angelika: Alsterschiffe, Silbermünzen und eine „Burg". Die Geschichte Poppenbüttels, Hamburg 2006.
• Rosenfeld, Angelika / Fraatz-Rosenfeld, Thomas: Poppenbüttel: Spaziergänge in die Vergangenheit, Hamburg 1990.
• Sommerfeld, Anja / Buss, Wolfgang E. (Hg.): Das große AEZ-Buch. 40 Jahre Alstertal-Einkaufszentrum – eine Zeitreise, Hamburg 2010.
• Ziesche, Ferdinand: Hamburg-Poppenbüttel, Erfurt 2008.

Sasel

• ARGE Sasel, Arbeitsgemeinschaft Saseler Vereine und Institutionen (Hg.): 700 Jahre Sasel: 1296–1996, Hamburg 1996.

- Bracker, Jörgen / Krause, Thomas (Hg.): Gedenkstätte Plattenhaus Poppenbüttel: Geschichte des KZ-Außenlagers Hamburg-Sasel, Hamburg 1990.
- Schulleitung des Gymnasiums Oberalster (Hg.): KZ Sasel. Geschichte eines Außenlagers, 5. Aufl., Hamburg 1983.
- Ziesche, F. Ferdinand / Ziesche, Heike: Hamburg-Sasel, Erfurt 2012.

Wellingsbüttel

- Boeck, Christian: Wellingsbütteler Urkunden 1296–1574, Hamburg 1938.
- Boeck, Christian: Wellingsbütteler Urkunden (Bd. 2) 1563–1699, Hamburg o.J. [1950].
- Fiege, Hartwig: Geschichte Wellingsbüttels. Vom holsteinischen Dorf und Gut zum hamburgischen Stadtteil, Neumünster 1982.
- Rackowitz, Dorothee / von Baudissin, Caspar: 700 Jahre Wellingsbüttel, 1296–1996, Hamburg 1993.
- Willer, Ursula (Hg.): Wellingsbütteler Impressionen, Hamburg 1999.
- Willer, Ursula u.a. (Hg.): Wellingsbüttel gestern und heute, Hamburg 2016.

Radtour alsteraufwärts

- Looks, Volker: Die Alster. Der Fluss und die Stadt, Hamburg 2012.
- Luckhardt, Ulrich / Gaßner, Hubertus (Hg.): Hamburger Ansichten: Maler sehen die Stadt, Köln 2009.
- Meyer-Tönnesmann, Carsten: Der Hamburgische Künstlerclub von 1897, Fischerhude 1997.
- Meyer-Tönnesmann, Carsten: Arthur Illies – der Maler des Alstertals, in: Jahrbuch des Alstervereins, hrsg. vom Alsterverein e.V., Hamburg 2000.
- Schiefler, Gustav: Eine Hamburgische Kulturgeschichte 1890–1920. Beobachtungen eines Zeitgenossen, bearbeitet von Gerhard Ahrens, Hans Wilhelm Eckhardt und Renate Hauschild-Thiessen, Hamburg 1985.

Internetadressen

- www.alsterdorfer-bv.de ➔ *Infos zu allen Aktivitäten des Vereins und Zugriff auf die monatlich erscheinende Alster-Dorfzeitung*
- www.alsterklicks.de ➔ *ständig aktualisierte „Termine, Tipps und Themen" für das Alstertal*
- www.arge-wandsbek.de ➔ *Website der Arbeitsgemeinschaft der Bürgervereine im Bezirk Wandsbek*
- www.buergerverein-fuhlsbuettel.de ➔ *umfassende Darstellung des Bürgervereins Fuhlsbüttel, Hummelsbüttel, Klein Borstel, Ohlsdorf von 1897 und seiner Aktivitäten*
- www.wir-in-wellingsbuettel.de ➔ *Website des Interessenverbands Wellingsbütteler Geschäftsleute*
- www.klein-borstel.de ➔ *Portal rund um das aktuelle und historische Geschehen in Klein Borstel*

• www.buergerverein-fuhlsbuettel.de ➜ *informiert über Fuhlsbüttel, Hummelsbüttel, Klein Borstel und Ohlsdorf*

• www.buergerverein-sasel-poppenbuettel.de ➜ *informiert über die Aktivitäten des Vereins*

• www.sasel.de ➜ *Geschäftsempfehlungen, Bilder und Nachrichten aus dem Stadtteil*

www.facebook.de / alsterdorfhh und www.alsterdorfhh.de ➜ *umfassende Informationen rund um den Stadtteil dank einer privaten Initiative*

Bildnachweis

Einleitung Abb. S. 5: Theodor Libert Westphalen (1817–1877), Charles Fuchs (1803-1874) u.a

1 Alsterdorf Die Alsterdorfschreiber e.V (Quelle): Abb. 21, 22; Das Alstertal Ausflugsziel von damals 1890-1914. Bürgerverein Fuhlsbüttel Hummelsbüttel Klein-Borstel Ohlsdorf von 1897 e.V., Hamburg 1975 (Quelle): Abb. 16; Yvonne Bebensee: Abb. 5, 8, 9, 11–13, 17–20; Freie und Hansestadt Hamburg, Landesmedienzentrum: Abb. 6; Freie und Hansestadt Hamburg, Vermessungsamt: Abb. 4; Staats- und Universitätsbibliothek Carl von Ossietzky, Schumacher-Nachlass: Abb. 14; Staatsarchiv der Freien und Hansestadt Hamburg: Abb. 7; Staatsarchiv Hamburg, Finanzdeputationsakte: Abb. 3; Staatsarchiv Hamburg, Plankammer: Abb. 1, 2, 15; Verein Film- und Fernsehmuseum Hamburg e.V (Quelle): Abb. 10

2 Alsterdorf, Ohlsdorf und Fuhlsbüttel Das Alstertal Ausflugsziel von damals 1890-1914. Bürgerverein Fuhlsbüttel Hummelsbüttel Klein-Borstel Ohlsdorf von 1897 e.V., Hamburg 1975 (Quelle): Abb. 3; alsterdorf. Magazin der Evangelischen Stiftung Alsterdorf, Nr. 24, April 2013 (Quelle): Abb. 7, 8; Yvonne Bebensee: Abb. 1, 2, 4, 6, 9, 10, 13; Bildarchiv Fritz Lachmund: Abb. 19; Bürgerverein Fuhlsbüttel Hummelsbüttel Klein-Borstel Ohlsdorf von 1897 e.V (Quelle): Abb. 14, 15; Wilhelm Melhop: Die Alster, Hamburg 1932 (Quelle): Abb. 5; Meyers Konversations-Lexikon 3. Aufl. 1896 (Quelle): Abb. 11; Sammlung Foto Faulberg, Fuhlsbüttel (Quelle): Abb. 16; Manfred Sengelmann: Zeitsprünge, Hamburg-Fuhlsbüttel, Erfurt 2004 (Quelle): Abb. 17 (Foto: J.P. Stephan), Abb. 18 (Foto: Otto Haupt); www.hamburg-bildarchiv.de: Abb. 12

3 Tegelsbarg, Hummelsbüttel und Klein Borstel Alsterverein e.V: Abb. 2, 3, 5, 7, 15; Nachlass Ernst Eitner: Abb. 11; Hamburgische Männer und Frauen am Anfang des XX. Jahrhunderts, Hamburg 1905 (Quelle: Wikipedia Public Domain): Abb. 16; Frank Sommerkamp: Abb. 9, 14; Frank Sommerkamp (Privatbesitz): Abb. 17; Staatsarchiv Hamburg: Abb. 6; Wikipedia (Ajepbah/CC BY-SA 3.0): Abb. 1, 13; Wikipedia (An-d/CC-BY-SA-3.0): Abb. 8; Wikipedia (Duschan 1944/CC-BY-SA-3.0): Abb. 20; Wikipedia (Public Domain): Abb. 10; Wikipedia (Vitavia/CC-BY-SA 4.0): Abb. 4; www.hamburg-bildarchiv.de: Abb. 12, 18, 19

4 Wellingsbüttel Alsterverein e.V: Abb. 3, 4, 8, 11, 15,16, 20, 23, 24; Frank Sommerkamp: Abb. 1, 2, 5, 6, 9, 12–14, 17–19; Wikipedia (Public Domain): Abb. 10; Wikipedia (Public Domain),

Quelle: Teresa Prekerowa: Konspiracyjna Rada Pomocy Zydom w Warszawie 1942–1945; Warszawa 1982: Abb. 21; www.hamburg-bildarchiv.de: Abb. 7, 22

5 Poppenbüttel, Bergstedt und Sasel Alsterverein e.V (Quelle): Abb. 3–6, 10, 11, 13, 22; Yvonne Bebensee: Abb. 17; Frank Sommerkamp: Abb. 1, 2, 7–9, 12, 15, 18, 19, 23; Frank Sommerkamp (Privatbesitz, Quelle): Abb. 20; Wikipedia (Ajepbah/CC BY-SA 3.0): Abb. 14; Wikipedia (Marek Szczepanek/CC-BY-SA-3.0): Abb. 16; Wikipedia (Public Domain): Abb. 21

6 Alsterwanderweg (Radtour) Das Alstertal Ausflugsziel von damals 1890-1914. Bürgerverein Fuhlsbüttel Hummelsbüttel Klein-Borstel Ohlsdorf von 1897 e.V., Hamburg 1975 (Quelle): Abb. 10, 11, 25; Alsterverein (Quelle): Abb. 14, 17; Archiv Bürgerverein Fuhlsbüttel Hummelsbüttel Klein-Borstel Ohlsdorf von 1897 e.V. (Quelle): Abb. 12, 13, 15; Arthur Illies Stiftung (Quelle), Repro: Carsten Meyer-Tönnesmann: Abb. 23, 24; Yvonne Bebensee: Abb. 7, 8, 16, 19, 20, 26, 27; Fotoarchiv Axel Springer Verlag (Quelle): Abb. 21; Freie und Hansestadt Hamburg, Landesmedienzentrum: Abb. 3; „Gruss aus Fuhlsbüttel und Umgebung" Bilder und Begebenheiten 1895–1912. Bürgerverein Fuhlsbüttel Hummelsbüttel Klein-Borstel Ohlsdorf von 1897 e.V., Hamburg 1972 (Quelle): Abb. 5; ©: Nachlass Erich Heckel, Hemmenhofen, Standort des Bildes: „Brücke-Museum Berlin": Abb. 22; Alfred Pohlmann, Alf Schreyer, W.O. Paul Kettel: Erlebte Alsterlandschaft. Die Alster von der Quelle bis Alsterdorf, Hamburg 1969 (Quelle): Abb. 2; Staatsarchiv Hamburg (Quelle), Repro: Michael Zapf: Abb. 6; Staatsarchiv Hamburg, Plankammer: Abb. 4, 9; Wikipedia (Public Domain): Abb. 1; www.hamburg-bildarchiv.de: Abb. 18

Exkurse *Ausflugsverkehr im Alstertal:* Abb. S. 119: Alsterverein e.V.; *Gartmann-Kringel:* Abb. S. 32, 33: Junius Verlag GmbH; *Hamburg Airport:* Abb. S. 65 oben: Bürgerverein Fuhlsbüttel Hummelsbüttel Klein-Borstel; Ohlsdorf von 1897 e.V. (Quelle); Abb. S. 65 unten: Das Alstertal Ausflugsziel von damals 1890-1914. Bürgerverein Fuhlsbüttel Hummelsbüttel Klein-Borstel Ohlsdorf von 1897 e.V., Hamburg 1975 (Quelle); *Exkurs „Hamburgischer Künstlerclub von 1897" in der Galerie Commeter:* Abb. S. 195: Repro: Carsten Meyer-Tönnesmann; *Kleine Geschichte der Alsterschifffahrt:* S. 206: aus: Das Alstertal Ausflugsziel von damals 1890-1914. Bürgerverein Fuhlsbüttel Hummelsbüttel Klein-Borstel Ohlsdorf von 1897 e.V., Hamburg 1975; S. 207: Yvonne Bebensee

Leute aus Alsterdorf und dem Alstertal *Antje:* Frank Sommerkamp; *Clemens August von Kurtzrock:* Wikipedia (Public Domain); *Felix Ascher, Ludwig Frahm:* Alsterverein e.V; *Heinz Erhardt:* Wikipedia (CC-BY-SA-3.0); *Hein Ten Hoff:* Staatsarchiv Hamburg; *Corny Littmann:* Wikipedia (Northside/CC BY-SA 3.0); *Max Schmeling:* Wikipedia (Bundesarchiv, Bild 102-09348/ CC-BY-SA 3.0); *Henning Voscherau:* Wikipedia (CC-BY-SA-3.0-DE)

YVONNE BEBENSEE (*1969) wuchs in Ahrensburg vor den Toren Hamburgs auf. Nach dem Studium der Kunstgeschichte, Geschichte und Europäischen Ethnologie in Marburg und Berlin kehrte sie nach Hamburg-Alsterdorf zurück. Zunächst arbeitete sie im Kunsthandel und betrieb dann drei Jahre lang eine Galerie für zeitgenössische Kunst. Seit 2009 ist sie als Stadtführerin für Stattreisen e.V. tätig. Sie konzipierte einen historischen Rundgang durch Alsterdorf, wo sie auch nach wie vor mit ihrer Familie lebt.

FRANK SOMMERKAMP (*1968) wurde tief im Westen – nämlich mitten im Ruhrgebiet – geboren und lebt schon lange und leidenschaftlich gern in Hamburg, ganz in der Nähe des Alsterlaufs. Seiner Liebe zum geschriebenen Wort huldigte er zunächst mit einer Buchhändlerausbildung sowie einem Studium der Neueren Deutschen Literaturwissenschaft und der Philosophie, später als freiberuflicher Lektor. Wanderlust und stadtgeschichtliches Interesse dagegen verbindet er seit mehreren Jahren in seiner Tätigkeit als Guide für Stattreisen Hamburg e.V.